给青少年讲红色纪念馆里的故事丛书

红星照耀中国：
革命圣地延安的故事

延安市延安精神研究中心 编著

中原出版传媒集团
中原传媒股份公司
大象出版社
·郑州·

图书在版编目(CIP)数据

红星照耀中国：革命圣地延安的故事 / 延安市延安精神研究中心编著. — 郑州：大象出版社，2024.7
(给青少年讲红色纪念馆里的故事丛书)
ISBN 978-7-5711-2136-5

Ⅰ.①红… Ⅱ.①延… Ⅲ.①革命纪念地-延安-青少年读物 Ⅳ.①K878.2-49

中国国家版本馆CIP数据核字(2024)第079890号

给青少年讲红色纪念馆里的故事丛书

红星照耀中国：革命圣地延安的故事
HONGXING ZHAOYAO ZHONGGUO：GEMING SHENGDI YANAN DE GUSHI
延安市延安精神研究中心　编著

出 版 人	汪林中
丛书策划	董中山
项目总监	张桂枝
项目统筹	孟建华　崔　征
责任编辑	李晓媚
责任校对	裴红燕
装帧设计	付锬锬
责任印制	张　庆

出版发行　大象出版社(郑州市郑东新区祥盛街27号　邮政编码450016)
　　　　　发行科　0371-63863551　总编室　0371-65597936
网　　址　www.daxiang.cn
印　　刷　河南新华印刷集团有限公司
经　　销　各地新华书店经销
开　　本　720 mm×1020 mm　1/16
印　　张　10.75
字　　数　106千字
版　　次　2024年7月第1版　2024年7月第1次印刷
定　　价　39.00元
若发现印、装质量问题，影响阅读，请与承印厂联系调换。
印厂地址　郑州市经五路12号
邮政编码　450002　　电话　0371-65957865

丛书编委会

丛书策划

黄乔生　薛　峰　董中山　王刘纯

丛书编委

（按姓氏笔画排序）

马海亭　王小玲　卢润彩　史永平

李　游　杨　宇　杨长勇　陈　松

孟建华　袁海晓　高慧琳

本书编委会

主　任

石和平

副主任

薛　强　王　勇

委员（以姓氏笔画为序）

王　丹　钟　媛　师艳荣　李欣阳
李　康　张雪冬　高慧琳

主　编

高慧琳

副主编

王　丹　李欣阳　张雪冬

我们走过的路（总序）

"什么是路？就是从没路的地方践踏出来的，从只有荆棘的地方开辟出来的。"

漫长的古代，在世界文明发展的道路上，我们曾经长期领先。到了近代，中国开始逐渐落后。鸦片战争使得"天朝上国"的旧梦彻底破灭，两千多年的封建道路再也走不下去，并随即堕入半殖民地半封建社会的深渊。

百年中国近代史，是一部屈辱史、抗争史，更是一部探索史。然而探索的道路充满血泪艰辛。北洋舰队的覆灭宣告洋务运动破产，谭嗣同的流血冲淡不了戊戌变法的败局，"城头变幻大王旗"揭示出辛亥革命的无奈……列强环伺，生灵涂炭，中国前进的道路在何方？民族复兴之路在哪里？！

历史的重担落到了中国共产党肩上。"十月革命一声炮响,给我们送来了马克思列宁主义",经由五四新文化运动,马克思主义开始在中国广泛传播,1921年7月,在上海,中国共产党正式成立——中国革命的面貌从此焕然一新!

现在我们正走在中国特色社会主义的道路上,我们的国家和民族已经站起来、富起来,正在强起来。习近平总书记强调指出:"走得再远、走到再光辉的未来,也不能忘记走过的过去,不能忘记为什么出发。"

红色纪念馆能够告诉我们来时所走过的路,告诉我们为什么要出发——她是历史的积淀,是探索的记录,是前行的坐标。红色纪念馆用大量的实物、图片、文字、音视频等,浓缩了一段段难忘岁月,展现了一个个感人场景,记录了那些让我们不能忘却也无法忘却的重大事件和重要历程,彰显着我们昂扬的民族精神,温暖着我们砥砺前行中的心灵!

青少年是祖国的未来,是担当民族复兴大任的时代新人,更需要身怀梦想,牢记初心,不忘来时的路。为此,我们编写了这套"给青少年讲红色纪念馆里的故事丛书"，希望广大青少年在前行的道路上、在人生的"拔节孕穗期"，汲取更多的营养，积蓄更多的发展力量。

希望阅读这套图书，恰似行走在研学旅行的探索之路上，红色号角在耳畔嘹亮吹响；又似畅游在革命文化大河之中，乐观向上、坚韧不拔的东风迎面扑来。首先我们来到北京新文化运动纪念馆，看一看在那个风起云涌的年代，马克思主义如何传入中国，历史为什么会选择中国共产党；接着我们来到中国共产党第一次全国代表大会纪念馆，去感受"开天辟地创伟业"的神圣时刻、重温伟大中国共产党的创建；然后我们来到南昌八一起义纪念馆，目睹人民军队的诞生、建军大业的完成；我们来到井冈山，感受"星星之火，可以燎原"的力量；我们来到瑞金，追述一段红色故都的往事；我们来到遵义，去重温伟大转折、传唱长征史诗；我们来到延安，去拥抱那段难忘的革命岁月；我们来到八路军太行纪念馆，听一听中国共产党领导人民进行伟大抗战的故事；最后，我们来到西柏坡——这个时候，新中国已如一轮红日冉冉升起！

这就是我们走过的路。

这里面蕴含着我们的道路自信、理论自信、制度自信和文化自信。今天，"我们比历史上任何时期都更接近、更有信心和能力实现中华民族伟大复兴的目标"；"我们要一棒接着一棒跑下去，每一代人都要为下一代人跑出一个好成绩"。

这是历史的使命！

丛书编委会

2024 年 1 月

信仰的力量（代序）

对于生活在 21 世纪的青少年来说，也许你没有读过《西行漫记》，甚至你没有到过延安，但你一定听到有人唱过《南泥湾》《黄河大合唱》《北风吹》这些脍炙人口的歌曲，听到过《延安颂》《兄妹开荒》《拥军花鼓》这些耳熟能详的旋律，你也一定听到过白求恩、张思德、冼星海这些人名！你一定还听到过"抗大"、"鲁艺"、"新华社"、解放日报社这些机构，听到过"小米加步枪""陕北的好江南"的说法！你可知道，这些脍炙人口的歌曲，都是当年延安的艺术家的作品；这些名闻遐迩的人物，都是当年延安的名人；这些名声赫赫的机构，都是当年延安的地标，宝塔山更是延安的标志和象征！更不用说走过二万五千里长征，再从延安走到新中国的老一辈无产阶级革命家，谁没有在延安吃过小米？谁没有在延安纺过线？

站在这一切背后的，是延安精神。习近平总书记指出："伟大的延安精神滋养了几代中国共产党人，始终是凝聚人心、战胜困难、开拓前进的强大精神力量。"当 1935 年中央红军刚刚踏上这片土地的时候，这里满目荒凉，甚至有野狼出没；外围始终有国民党几十万大军压境，还有日本侵略军的飞机时来袭扰。而中国共产党缔造的延安精神，感召了大批红色青年奔赴延安，在这里描绘了雄奇壮美、彪炳史册的"延安时期"历史画卷，谱写了无数惊天地、泣鬼神、威武雄壮的乐章，传扬着轰轰烈烈、可歌可泣的感人故事，把一个地瘠民贫的偏僻小城，建设成为全国抗战的政治指导中心、陕北的好江南、人民解放军解放全国的总指挥部，成为中国革命的圣地。

这就是信仰的力量！

你想知道这种信仰的力量是怎样爆发出无限活力，怎样战胜无数困难，又是怎样孕育出无穷创造力的吗？读完本书，你将会有所领悟。

阚延军

2024 年 1 月

目 录

第一部分
闪闪红星耀中华
——中共中央在延安......001

红旗漫卷西风　红军进驻延安城......003

划时代的军事巨著　毛泽东写《论持久战》......008

"为人民服务"的由来　张思德的故事......016

"精兵简政"是怎样提出来的　李鼎铭与"精兵简政"......021

中国的希望在延安　陈嘉庚访问延安......025

打破历史周期律　黄炎培与毛泽东的对话......031

一张珍贵的历史照片　毛泽东和两个小八路......036

第二部分
陕北的好江南
——经济稳步发展的延安......041

我们的伟大事业　抗大挖窑洞......043

"陕北的好江南"　三五九旅屯垦南泥湾......047

"自己动手，丰衣足食"　中央领导参加大生产......054

战斗英雄搞生产　南泥湾里屯垦忙......061

第三部分
把文艺落后地区变成文艺中心
——延安的文艺活动......065

抗日前线的宣传队　西战团的故事......067

唱出时代最强音　延安的歌曲创作......071

群众文化生活活跃　民众剧团的故事......077

延安文艺界的盛会　延安文艺座谈会......081

新社会把"鬼"变成人　《白毛女》的创作......088

从第一架摄影机到第一部影片　延安电影团......093

第四部分

万众瞩目清凉山

—— 活跃的新闻出版事业......099

万里长征的鲜活记录　《二万五千里》......101

党报发展历程　从《红色中华》到《解放日报》......105

万众瞩目清凉山　延安新闻机构云集之地......111

群众喜闻乐见的报纸　《边区群众报》......115

革命时期的重大发明　马兰草纸诞生记......119

第五部分

为了同一个目标

—— 国际友人来访......125

"我热爱中国"　斯诺让延安不再遥远......127

大地的女儿　史沫特莱在延安......131

"毫不利己，专门利人"　国际共产主义战士白求恩......135

国际组织来访　世界学联代表团访问抗大......141

友好的国际交流　美军观察组在延安......147

附录　延安革命旧址简介......153

后记......155

第一部分

闪闪红星耀中华

——中共中央在延安

1937年1月，历经艰难卓绝的长征，刚刚在陕北站稳脚跟的中共中央进驻延安凤凰山麓。从这时候起，到1947年3月离开延安，中共中央在延安的10年间，中国共产党高擎抗日民族统一战线的大旗，召开了一系列重要会议，决定了一系列重大战略方针，大大增强了党的战斗力；毛泽东提出了"持久战"理论，使延安成为抗日战争的政治指导中心；又提出"为人民服务"的思想，表明了中国共产党的根本宗旨和崇高境界。一系列重要思想的提出，是毛泽东思想不断走向成熟的标志，为中国抗日战争和中国革命的最终胜利提供了保障。中国共产党在延安期间，在中国和世界格局风云变幻的动荡年代，审时度势，运筹帷幄，纵横捭阖，从防御到进攻，从弱小变强大，从落脚到腾飞，从而走向全面胜利。

红旗漫卷西风
红军进驻延安城

中央红军进驻陕甘边根据地

1935年10月19日，毛泽东率领的中国工农红军第一方面军，胜利到达陕北革命根据地吴起镇（今吴起县），标志着中央红军二万五千里长征胜利结束。就在中央红军到达吴起镇后，尾随多时的国民党军队像尾巴一样循踪而来。宁夏军阀马鸿宾、马鸿逵的骑兵加上原东北军白凤翔部的骑兵共2000多人，也追到了附近，对红军形成夹击之势。形势骤然紧张起来。这时候，中央红军经过艰苦卓绝的长征，已经减员达十之八九，经过长途行军，极度疲劳，再加上初到陕北，对当地环境不熟悉，面临很大的困难。但是，在毛泽东、周恩来、彭德怀等中央领导人的周密部署下，打了一场漂亮仗，这就是有名的"切尾巴战斗"。这是中央红军长征胜利结束的最后一役，也是中央红军落脚陕北的第一场战斗。至此，中央红军正式进驻刘志丹、谢子长、习仲勋等领导的陕甘边革命根据地，开始续写陕北这片红色土地熠熠生辉的篇章。

红军长征到达吴起镇后部分将士合影

　　1936年12月15日，红二十八军政治部主任黄春圃和陕北红军红一团团长黄罗斌、政委钟玉山（钟辉）率部队快速奔赴延安。16日拂晓，部队到达延安城北杨家岭。此时，周恩来副主席一行，要前往西安处理西安事变。中午12点，红一团护送周恩来到达延安东郊机场，下午1点，张学良的代表刘鼎乘张学良的专机到达延安东郊机场，迎接周恩来副主席一行去西安。当时国民党委派的肤施县县长高锦尚也赶来为周恩来副主席一行送行。

　　周恩来乘坐的飞机起飞后，高锦尚邀请没有随周恩来同机离开的几位中共干部进了延安城。这时，黄春圃得到信息：高锦尚他们要搞鬼。为防止意外，黄春圃告知红一团团长黄罗斌、政委钟玉山立即返回。回到城北杨家岭红军驻地后，黄春圃根据周恩来关于要对延安城造成围攻之势、相机占领延安城的指示，对部队的部署作了部分调整，除已占领的清凉山、宝塔山外，另外派一个排占领了延安西山。

1936年12月18日凌晨2时左右，驻防清凉山的红军得到消息：高锦尚带着民团连夜出延安东门，跑了。驻防清凉山、宝塔山的部队迅速对延安城的南、东、北城门实施警卫，同时，由一连负责将县政府、国民党党部各机关看管起来。天亮后，黄春圃率红一团部队进驻延安城，至此，红军和平接管了延安城。进城后，以王观澜为书记、黄春圃为延安城防司令兼政委的工作委员会很快组成了。部队在南关、西山的居民家中和破窑洞里挖出和收缴了民团埋藏的几百支枪和部分弹药。

1936年12月28日，《红色中华》刊登了题为《延安城秩序已恢复》的报道："我们十八日早晨

延安小课堂

西安事变

1936年12月4日，蒋介石抵达西安，命令东北军司令张学良、西北军司令杨虎城加紧"围剿"红军。张学良、杨虎城与蒋介石激烈争辩。11日晚，蒋介石在西安华清池召见高级将领，宣布撤换张学良和杨虎城。12日凌晨5点，张、杨发动"兵谏"。东北军白凤翔部到临潼的华清池捉拿蒋介石，蒋介石从卧室窗户跳出，摔伤后背，躲在一块大石头后面，被发现并活捉，随同的军政要员一同被捕。这就是西安事变。后经多方协调谈判，蒋介石答应停止"剿共"，一致抗日，西安事变和平解决，第二次国共合作由此开始。

西安事变爆发后，驻扎延安的东北军按照与中国共产党的协议，撤离延安，向西安一带集中。

入延安城，原驻城的民团经过我们各种关系的活动，大部分接受了我们的要求，自动的（地）愿与我们联合，除一部分愿回家的遣资回原籍外，另一部分编为抗日人民保安队，现在城内秩序良好。"宣告红军和平接管延安城。

红军进城后，立即成立了治安委员会，维持城内治安，并主持延安城的工作。商户照常营业，学校照常上课，交通、通信照常运行。

1937年1月10日，毛泽东与中共中央机关一行离开保安县（今

红军进驻延安城

志丹县），向延安进发。1月13日，延安城像过年一样热闹，老百姓听到毛泽东等中共中央领导要来的消息后，在抗日救国会积极组织下，举行了盛大的欢迎仪式，大街上贴满了"欢迎抗日领袖"等标语。延安各界人士四五千人，冒着严寒，手拿五颜六色的三角小旗，从北门口一直排列到大砭沟沟口，热烈欢迎中共中央进驻延安。下午5时许，毛泽东、张闻天、朱德等中央领导人进入延安城。

第二天上午，在延安大操场（今大东门以北处）召开了欢迎大会。会上，毛泽东作了抗日动员，要求各界人士今后要事事讲抗日，处处为抗日贡献力量。

从此，延安成为中共中央的所在地，成为中国革命的政治指导中心，成为中国人民向往的民主革命的圣地，成为照耀中华民族前进的灯塔。

划时代的军事巨著

毛泽东写《论持久战》

《论持久战》的伟大意义

在《论持久战》中,毛泽东全面地考察和论证了中国能够,也必须经过持久抗战取得胜利的客观根据,并科学地预见到持久的抗日战争将经过战略防御、战略相持和战略反攻三个阶段。持久战是抗日战争的总的战略方针。持久战的基础在于广大民众。为了动员民众,就要把进步的政治精神贯注于军队之中,就要在广大人民中做普遍深入的政治动员,就要调动全军全民的最大积极性以支持战争。毛泽东的《论持久战》不仅科学地论证了抗日战争的发展规律,以无可辩驳的逻辑力量阐明了争取抗战胜利的正确道路,还批判了关于抗日战争的各种错误认识,因而从思想上武装了全党、全军和广大人民,极大地鼓舞和坚定了广大军民争取抗战胜利的信心和决心。这部著作是指导全国抗战的军事理论纲领,也是从实际情况出发,运用马克思列宁主义中国化解决战争问题的光辉典范,更是中国共产党取得胜利的基石。

1938年春，毛泽东住进延安凤凰山麓的吴家窑院。毛泽东住的窑洞，靠窗位置放着办公桌，桌旁放有一个木炭火盆，里面的火早已熄灭，但它曾见证了一位伟人的艰辛与成就，就是在它的温暖下，毛泽东写下了《论持久战》。

暮春时节，天气虽已转暖，但陕北的窑洞里依然阴冷，木炭火将窑洞烘烤得温暖又舒适。为了批驳"亡国论""速胜论"等错误观点，解开困扰人们思想的种种问题，毛泽东经过许久的酝酿，开始撰写那篇建立在科学判断和分析之上、影响深远的《论持久战》。

早在1935年12月，中共中央到陕北不久，毛泽东就在《论反对日本帝国主义的策略》报告中指出："帝国主义还是一个严重的力量，革命力量的不平衡状态是一个严重的缺点，要打倒敌人必须准备作持久战。"毛泽东的远见卓识，后来完全被历史所证实。

1937年7月全民族抗战爆发后，国内存在着"亡国论"和"速胜论"两种截然相反的错误观点。在国民党内有人叫嚷"再战必亡"，有人幻想依赖外援迅速结束战争。1938年3月到4月，中国军队同日本侵略军在台儿庄进行了一次大规模的激烈会战，击败了日军两个精锐师团，取得了震惊世界的辉煌胜利。台儿庄战役胜利时，有人盲目乐观，认为徐州会战是"准决战""是敌人的最后挣扎"。同时，共产党内也有人过高地估计国民党有200万正规军的力量，存在轻敌思想，因而以为抗战能够速胜。

根据敌我双方存在的相互矛盾的各种因素，毛泽东科学地预

延安凤凰山麓毛泽东旧居，毛泽东的《论持久战》就是在这里写的。

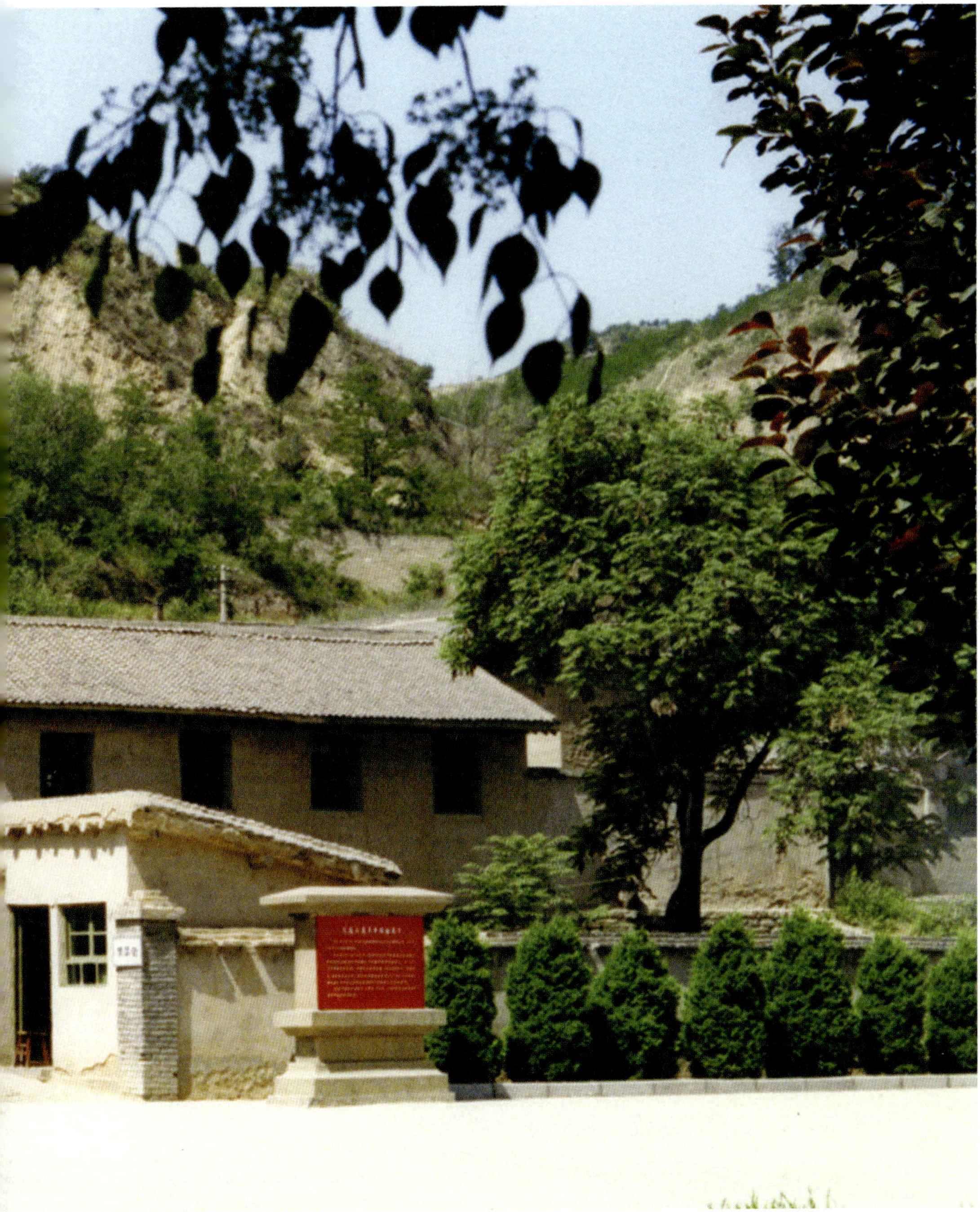

毛泽东写《论持久战》

见抗日战争将经历三个阶段：第一阶段是敌之战略进攻，我之战略防御，即战略防御阶段；第二阶段是敌之战略保守，我之准备反攻，即战略相持阶段；第三阶段是我之战略反攻，敌之战略退却，即战略反攻阶段。同时毛泽东还断言："长期而又广大的抗日战争，是军事、政治、经济、文化各方面犬牙交错的战争，这是战争史上的奇观。"抗日战争的实际发展完全证实了这一科学预见。毛泽东还提出了游击战，且高屋建瓴地指出："战争的伟力之最深厚的根源，存在于民众之中。"毛泽东在军事上的雄才大略，从这本书中可见一斑。

在吴家窑院，毛泽东夜以继日地写作。他一坐就是几个小时，实在太累了,就站起来在窑洞里走动几步,然后很快又坐下来写作。夜深了,毛泽东饿了,就叫警卫员送来一块烤红薯,吃完了继续写作。有一次,毛泽东写作入了神,他的脚挨上了炭火盆却浑然不知,直到炭火盆把鞋子烤焦了,满屋子弥漫着焦煳的气味,才被警卫员发现。警卫员进来给毛泽东换了一双鞋子之后,毛泽东又继续写作。经过八天九夜殚精竭虑的思考和写作,一部5万余字的《论持久战》初稿完成。

1938年5月,毛泽东在中国人民抗日军事政治大学作了《论持久战》的报告。1938年5月26日至6月3日,在延安召开了抗日战争研究会,会上毛泽东再一次作了《论持久战》的讲演。毛泽东对当时人们最关心的问题给出了科学、合理而有分量的回答,清晰地描绘出战争发展全过程的完整蓝图,拨开了笼罩在人们心头的迷雾,大大提高了中国人民对持久抗战最终能取得胜利的信心,在延安引起极大轰动。

随后,《论持久战》被油印成册。在1938年7月1日出版的《解放》第四十三、四十四期合刊上全文刊出《论

1938年5月,毛泽东在抗日军政大学作《论持久战》的报告

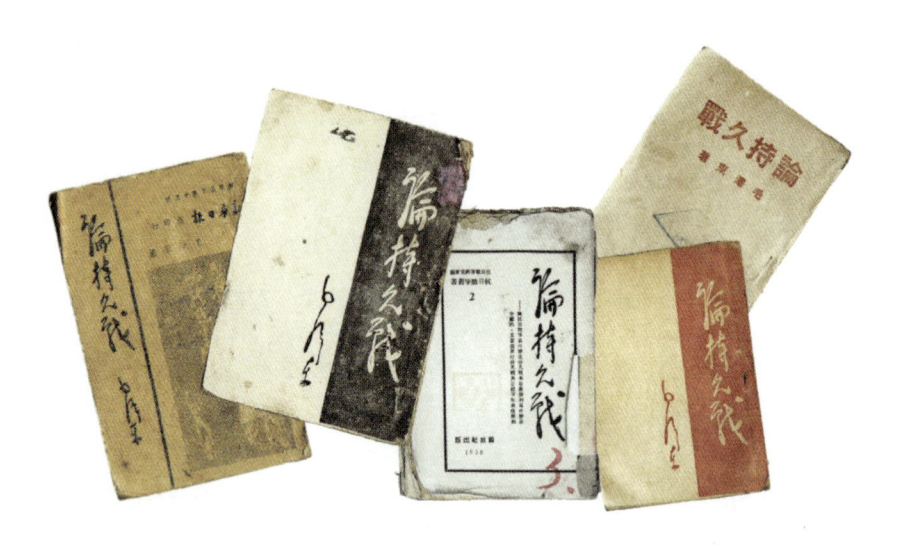

《论持久战》部分版本

持久战》，同月延安解放社出版单行本。初次印出的《论持久战》单行本，由毛泽东亲笔题写书名，扉页印着毛泽东亲笔题词："坚持抗战，坚持统一战线，坚持持久战，最后胜利必然是中国的。"此后，在各根据地、解放区有多种单行本流传。《论持久战》后来编入《毛泽东选集》第二卷。

《论持久战》不仅对八路军和新四军的抗日战争有着重要的指导意义，而且对国民党将领也产生了不小的影响。《论持久战》还被翻译成英文向海外发行，在世界范围内得到了非常高的评价。后来，这部著作被列为世界十大军事名著之一。

> 延安小课堂

《论持久战》节选

持久战是抗日战争的总的战略方针，为了实现总的战略方针，还必须有一套具体的战略方针，这就是主动地、灵活地、有计划地执行防御战中的进攻战，持久战中的速决战，内线作战中的外线作战。这是包括正规战争和游击战争在内的整个抗日战争所应采取的战略方针。由于敌强我弱，敌在战略上采取进攻的、速战速决的和进行外线作战的方针，我则采取防御的、持久的和进行内线作战的方针。但是，由于敌小我大，敌以少兵临大国，只能占领中国一部分领土，我们有对敌进行运动战和游击战的极其广大的地盘。这样，在战役战斗中，对于部分敌人，我可能集中优势兵力，主动地进行外线的速决的进攻战。结果，在具体战斗中，敌可由强者变为弱者，由优势变为劣势；我则相反，可由弱者变为强者，由劣势变为优势，取得战役战斗的胜利。这些胜利积累，将逐渐改变总的敌我形势，我日益壮大，敌日益削弱直至走向完全失败。

"为人民服务"的由来

张思德的故事

毛泽东对张思德的评价

1944年9月8日下午,在延安凤凰山下枣园沟口的操场上,为一个普通战士举行的追悼会正在举行,到会的人非常多,毛泽东到会讲话,送花圈,久久默哀,还发表了一篇震撼人心的讲话。他说:"人总是要死的,但死的意义有不同……或重于泰山,或轻于鸿毛。……张思德同志是为人民利益而死的,他的死是比泰山还要重的。"

张思德于1915年出生在四川省仪陇县一个穷苦的农民家庭。1933年12月参加红军,不久加入共青团。他沉默寡言,但作战英勇,办事干练,被誉为"小老虎"。1935年,他随红四方面军参加了二万五千里长征。在长征途中,他曾两度翻越雪山、穿过草地,历尽艰辛。1937年全民族抗战爆发,张思德所在的部队开赴前线,但张思德被留了下来。1937年10月,张思德加入了中国共产党。

张思德（左）烧炭

1938年春，他被调到云阳八路军某部留守处警卫营担任班长，负责云阳镇八路军留守处和荣誉军人学校的警卫工作。在此期间，他第一次被派去烧炭。烧炭这个活又苦又累，张思德却毫无怨言，而且干得非常出色，因而得到留守处一条毛巾和一个笔记本的奖励。1940年春，张思德又被调往延安，在中央军委警卫营任通信班班长。

1940年初夏，张思德第二次被派去烧炭。他乐呵呵地带领一班人到延安以南的土黄沟，在深山老林中烧炭。没多久，张思德就成了烧炭能手。当地群众烧一窑炭需要10天，张思德细心琢磨，只用7天就能烧出一窑上好的炭。他和同志们苦战了三个月，经过伐树、打窑、烧火、出窑、捆扎、运输等数道繁重的工序，终于烧出8万斤炭，运到了延安。

1941年，抗日战争进入最艰苦的时期，张思德又换岗了。这

张思德所在的中央警备团战士（1944年）

回是开荒。他带领全班战士随警卫营到了南泥湾。与此同时，他还照常担负通信工作，白天生产劳动干活，夜里不顾劳累，长距离步行送信，完成通信任务。1942年冬，他被调回延安。不久，因部队整编，他被调至中央警备团一连当战士，张思德毫无怨言，欣然接受。1943年初夏，他又被调到枣园内卫班，在毛泽东等中央领导同志工作的地方执行警卫任务。

1943年秋天，张思德第三次接受了烧炭任务，张思德是烧炭能手，他带领四个战士烧炭，一个月就烧了5万多斤木炭，超额完成了任务。

1944年9月5日，是个阴雨天，为了抢时间赶季节多烧炭，队里决定再挖几口新炭窑，下雨天也不歇班地干。中午时分，炭窑突然倒塌！在炭窑倒塌的一刹那，张思德眼疾手快，一把将旁边的战士推了出去，战士得救了，而他却被压在坍塌的土堆里，再也没有醒来。

毛泽东听闻张思德牺牲的消息后，十分震惊。他痛心地说："前方打仗死人是没有办法的事情，后方生产劳动死人就太不应该了！"他当即吩咐中央警备团团长兼政委吴烈做好善后工作。

1944年9月8日下午2时，张思德烈士的追悼大会在延安凤凰山下枣园沟口的操场上隆重举行，中央警备团和中共中央直属机关1000多人参加了追悼会。临时筑起的土台前挂着"追悼张思德同志大会"的横幅，土台中央挂着党旗，党旗下是张思德烈士的遗像。土台的周围摆满了各单位自制的花圈，中央位置摆放的是毛泽东送的花圈，花圈上有毛泽东亲笔题写的挽词："向为人

《为人民服务》讲话台旧址

民利益而牺牲的张思德同志致敬！"毛泽东亲手将花圈献在烈士遗像前，默哀许久。中央警备团政治处主任张廷桢报告了张思德烈士的简历和牺牲经过。毛泽东走上讲台，对参加追悼会的所有人说："我们的共产党和共产党所领导的八路军、新四军，是革命的队伍。我们这个队伍完全是为着解放人民的，是彻底地为人民的利益工作的。张思德同志就是我们这个队伍中的一个同志。"毛泽东的这段演讲，虽然很短，但其中阐述了为人民利益而牺牲的伟大意义，指出中国共产党的历史使命和党的根本宗旨是"为人民服务"。他这段讲话稿后来正式发表，标题就是《为人民服务》。

延安小课堂

张思德巧手编草鞋

张思德不仅是烧炭能手，而且是编草鞋能手。在红军长征时期，张思德用自己攒的布条和麻绳为一个刚从直罗镇战斗中被解放过来的新战士编了一双草鞋，让他感受到人民军队的温暖。部队在关中地区转战时，因强行军很多战士的鞋掉了帮，磨穿了鞋底，只好用绳子绑着走路，在长满蒺藜的崎岖小路上许多人的脚被扎烂了。张思德利用行军间歇，用马刀割马兰草带在身上。晚上宿营后，他顾不上休息，一连编了三双草鞋，直到拂晓。第二天，他把草鞋送给了三个鞋子最烂的战士。后来很多人从张思德那里学会了用马兰草编草鞋，保障了部队的行军。

"精兵简政"是怎样提出来的

李鼎铭与"精兵简政"

对人民有好处的意见

1944年9月,在张思德追悼会上,毛泽东发表了著名的演讲《为人民服务》。在演讲中,毛泽东说:"你说的办法对人民有好处,我们就照你的办。'精兵简政'这一条意见,就是党外人士李鼎铭先生提出来的;他提得好,对人民有好处,我们就采用了。"

1941年年初,发生了震惊中外的"皖南事变",国共第二次合作出现了严重的裂痕。国民党变本加厉地封锁、围困陕甘宁边区。而陕甘宁边区自明清以来,就因为严重的水土流失和交通不便等问题,成为国内最贫穷落后和封闭的区域之一。1937年中共中央进驻延安时,边区脱产的党政军人员仅1.4万,其中部队9000人,这一年征收公粮仅2000吨,边区老百姓平均每人负担仅1公斤多的粮食,是当时国内征粮最低的区域。之后,人口急

陕甘宁边区政府旧址（正面）

剧增长，到 1941 年，光脱产人员就有 7.3 万，征收公粮 3 万吨，是四年前的 15 倍。虽然征收总数只占总产量的 14%，低于国统区，但这么一座历来贫穷的小城要承担那么多人的衣食住行，经济压力可想而知。为了缓解经济压力，边区已经采取了一些措施，包括开展大生产运动、把中国人民抗日军事政治大学等学校搬到敌后去办等等，可是边区的老百姓还是感觉负担越来越重。边区政府上上下下，都在为此犯难。

1941 年 11 月 6 日，陕甘宁边区第二届参议会第一次会议在延安开幕了。在会上，陕甘宁边区参议会副主席李鼎铭等 11 位参议员联名提出了一个"政府应彻底计划经济，实行精兵简政主义，避免入不敷出、经济紊乱之现象"的提案，后来简称为"精兵简政"。

这一提案提出后，立刻在会上引起了很大争议。一些议员提出质疑，甚至有人对带头提出此提案的李鼎铭的动机表示怀疑：

边区当时正是要加强力量的时候,李鼎铭却提出"精兵简政",就是自我压缩,这样做会削弱边区的力量。他身边的士绅代表也劝他不要出言招祸,但是性情耿直的李鼎铭却坚持说:自己是出于诚意,不怕出言招祸。

李鼎铭讲完后,有一个人带头鼓掌,并走上台同李鼎铭握手,这个人就是毛泽东。他走到台前说:"抗战初期采取精兵主义当然是不对的,现在情况不同了,我们的大机关和不精干的部队不适合今天的战争环境了。"毛泽东为什么要支持这个貌似冒险的提案呢?原来,毛泽东认为,边区经济困难,不光来自外部,内部的机关主义、官僚主义、形式主义滋长,也是原因之一。毛泽东在5月间已经提出要"改造我们的学习",纠正这些偏向。李鼎铭等人提出的这个提案,正好切中了这些弊病,而且能够压缩边区的行政后勤机关人数,有效地改善边区的经济状况。所以毛泽东在事先批阅各项提案时,一

延安小课堂

一个极其重要的政策

毛泽东在1942年9月7日为延安《解放日报》写的社论《一个极其重要的政策》中说:"假若我们还要维持庞大的机构,那就会正中敌人的奸计。假若我们缩小自己的机构,使兵精政简,我们的战争机构虽然小了,仍然是有力量的;而因克服了鱼大水小的矛盾,使我们的战争的机构适合战争的情况,我们就将显得越发有力量,我们就不会被敌人战胜,而要最后地战胜敌人。"

看到这个提案就很感兴趣,做了仔细研究,他用红笔把重要的段落圈起来,还在笔记本上做了摘录,然后写了这么一段批语:"这个办法很好,恰恰是改进我们的机关主义、官僚主义、形式主义的对症药。"

在毛泽东的态度影响下,经过一番热烈的讨论,大多数参议员也改变了看法,认为"精兵简政"的提案,对于解决边区财政经济困难,不但适时、中肯,而且具有远见卓识,可称得上是一个带有战略意义的重大决策。1941年11月18日,"精兵简政"提案以165票的高票数获得通过,决议"交政府速办"。同年12月,中共中央发出"精兵简政"的指示,要求整顿党、政、军各级组织机构,精简机关,充实连队,加强基层,提高效能,节约人力、物力。"精兵简政"的政策下达后,陕甘宁边区的政府人员精简了三分之一,边区又开展了大生产运动,经济状况很快得到好转。

"精兵简政"政策成为我们党在抗日战争时期的十大政策之一,也是后来新中国建设大政方针的基本原则之一。

《解放日报》刊登《精兵简政》社论

中国的希望在延安

陈嘉庚访问延安

南洋华侨回国慰劳视察团

1940年年初,抗日战争已经进入战略相持阶段。著名华侨领袖、"橡胶大王"陈嘉庚先生以南洋华侨筹赈祖国难民总会主席的身份,在新加坡发起并组织了"南洋华侨回国慰劳视察团"。慰劳视察团成员共50人,都是南洋各地的"南侨总会"或"中华总商会"推举的代表。在陈嘉庚的号召下,南洋华侨对国内抗战给予了极大的物质和人力支持,包括动员大批"南侨机工"回国直接支援抗战。

1940年3月26日,陈嘉庚和4名随行人员乘飞机到达重庆。蒋介石十分重视陈嘉庚的来访,他组织了党、政、军200多个单位几千人欢迎,还派私人代表出面,到机场迎接陈嘉庚一行。重庆国民政府准备了8万元接待经费,陈嘉庚每天都被请去赴宴,有时一天还不止一次,使他疲于应付。

当时中共中央驻重庆代表周恩来刚好回了延安，留在重庆的中共办事处人员董必武、林伯渠、叶剑英和邓颖超，专程到陈嘉庚住处拜访，并拿出三件陕北所产的羊皮袄赠送给他。陈嘉庚很高兴，他对董必武等人说：大敌当前，希望能够看到国共两党真正团结起来，共同抗日。

其实，当时陈嘉庚在重庆官方听到的都是对共产党的诬蔑之词，如"共产共妻""杀人放火""破坏国共合作""不服从中央"，八路军、新四军"游而不击""专事磨擦"，等等。当然也有说共产党好的。为何说法如此截然相反呢？陈嘉庚嘴上不说，心里早有主意：百闻不如一见。所以，当董必武等来访时，陈嘉庚就主动提出，想去延安看一看。其实，共产党也早有此意，于是双方一拍即合。很快，一封电报从延安飞来：毛泽东正式邀请陈嘉庚访问延安。

陈嘉庚要访问延安，

延伸小百科

陈嘉庚回忆录说延安

陈嘉庚在《南侨回忆录》的序言中写道："余久居南洋，对国内政治，虽屡有风闻而未知其事实究竟如何。时中共势力尚微，且受片面宣传，更难辨其黑白。""及至回国慰劳"，"并至延安视察"，"见其勤劳诚朴，忠勇奉公，务以利民福国为前提，并实行民主化，在收复区诸乡村，推广实施，与民众辛苦协作，同仇敌忾，奠胜利维新之基础。余观感之余，衷心无限兴奋，梦寐神驰，为我大中华民族庆祝也"。

蒋介石早有所料，千方百计阻挠无效后，派人一路跟随，以便监控。

1940年5月31日傍晚，陈嘉庚一行抵达延安。延安各界5000多人到南门外迎候，欢迎大会隆重且气氛热烈。但是，晚上住宿的地方，是边区政府交际处窑洞客房，条件很差。6月1日上午，八路军总司令朱德偕夫人康克清陪同陈嘉庚参观延安女子大学。朱总司令衣着朴素，平易近人，走在街上像普通士兵一样，

延安各界热烈欢迎南洋华侨回国慰劳视察团陈嘉庚一行

1940年5月31日，陈嘉庚（右三）率南洋华侨回国慰劳视察团到达延安，同行的有南侨总会常委侯西反（右二）、总会秘书李铁民（右一）等。

跟国民党高官的气派完全不同，陈嘉庚不禁心生感慨。下午，在朱德陪同下陈嘉庚到杨家岭拜会毛泽东，老远就看见毛泽东一个人站在窑洞门口迎候，就像平常接待客人一样随和。进了毛泽东住的窑洞，里面陈设简单得令人惊讶，仅有一张桌子，十几个七高八低的板凳，只有墙上挂的一幅地图，显示出主人与众不同的身份。陈嘉庚和毛泽东进行了坦诚相见的长谈。毛泽东介绍了边区的抗战情况。陈嘉庚对边区军民的抗战成果表示赞赏。

傍晚，毛泽东设宴招待陈嘉庚一行。所谓设宴，不过就是在窑洞外的场院里，用一个旧的圆桌面放在方桌上，在圆桌面上铺几张白纸，算是桌布了。而"酒席"只有白菜、咸饭，外加一道鸡汤。

毛泽东真诚而满含歉意地说："这只鸡是邻居老大娘知道我有远客，特地送来的。"这又使陈嘉庚心生感慨。

同毛泽东接触了多次，陈嘉庚发现，共产党跟国民党大不相同。有一次，毛泽东陪同他去逛延安新市场。走在街上，毛泽东就像普通老百姓一样，街上的人自然、随意地跟他搭话，有对边区政策提建议的，也有说些家长里短琐事的，毛泽东都十分专注地听，然后认真地说两句，老百姓就满意地走了。一天，陈嘉庚正和毛泽东谈话，一群在延安学习的南洋华侨学生来了，坐下就参加谈话，毫无拘束感。还有一次，陈嘉庚在毛泽东办公室介绍南洋情况，有一个警卫员进来，看到房间里坐满了人，但毛泽东坐的长板凳还有一点点空，就挤着坐下了。毛泽东看见他后，向边上让了让，让他坐得宽敞些。谁也没在意，陈嘉庚却看得真切。

陈嘉庚在延安住了八天，出席了欢迎会，也应邀到各处讲演。他还在朱德等人的陪同下参观了很多地方。为了更确切地了解真实情况，陈嘉庚还亲自做了很多细致的调查。他通过在延安的南洋华侨学生，还有从他所创办的厦门大学、集美学校来延安学习的学生，了解到边区确实是上上下下艰苦奋斗，一心抗战，这些都让陈嘉庚对中国共产党的民主作风和边区的良好社会风气有了真切的感受。

1940年6月7日晚，延安各界举行欢送会，欢送陈嘉庚一行，毛泽东、朱德等领导人都出席。朱德致欢送词，陈嘉庚表示他这次访问延安，最满意的是了解到边区军民的抗战决心和边区良好的社会风气，因此，他对抗战胜利有了绝对的信心。

离开延安后，陈嘉庚对同行的人说："中国有了救星，胜利有了保障，大家要更加努力！"大家明白，他所说的"救星"是指中国共产党。

1940年7月17日，陈嘉庚一行返回重庆。不久，他在国民外交协会发表公开讲演时说，他在延安八九天，所见所闻与原来听说的大相径庭。许多生动的事实证明，延安根本没有实行什么"共产共妻"制度，其社会风气及治安秩序无论哪方面都有一派新气象。原来在国统区流传的不实谣言也因此被打破。

陈嘉庚在回南洋途中和回到南洋后，多次说："此次劳军经延安所见，深感中国有希望了！""中国的希望在延安！"

打破历史周期律
黄炎培与毛泽东的对话

接受人民的监督

> 1941年11月6日，毛泽东在陕甘宁边区参议会上说："共产党是为民族、为人民谋利益的政党，它本身决无私利可图。它应该受人民的监督，而决不应该违背人民的意旨。它的党员应该站在民众之中，而决不应该站在民众之上。"

1945年7月，抗日战争已经胜利在望，国共两党正在酝酿谈判，准备开始第三次国共合作。7月1日，国民参政会参政员褚辅成、黄炎培、冷遹、傅斯年、左舜生、章伯钧6位参政员乘飞机抵达延安访问。

在延安，黄炎培等与中国共产党领导人进行了多轮会谈，达成了很多共识。在此期间，他们也参观了很多地方，与延安军民广泛接触，看到了发愤图强、气势如虹的中国共产党领导下的军队和欣欣向荣、蒸蒸日上的边区新面貌，更感受到边区人民民主

1945年7月1日,毛泽东等欢迎国民参政会6位参政员到延安(右起:毛泽东、黄炎培、褚辅成、章伯钧、冷遹、傅斯年、左舜生、朱德、周恩来、王若飞)

团结、众志成城的精神面貌。

　　有一天,在窑洞里与几位参政员交谈时,毛泽东问黄炎培:"先生到延安来了这些天,有些什么感想?"毛泽东看似不经意的询问,却触动了黄炎培的心思,他把自己一直思考的一个问题提了出来："我生六十多年，耳闻的不说，所亲眼看到的，真所谓'其兴也浡焉'，'其亡也忽焉'，一人、一家、一团体、一地方，乃至一国，都没有能跳出这周期律的支配力。大凡初时聚精会神，没有一事不用心，没有一人不卖力，也许那时艰难困苦，只有从万死中觅取一生。既而环境渐渐好转了，精神也就渐渐放下了。有的因为历时长久，自然地惰性发作，由少数演为多数，到风气养成，虽有大力，无法扭转，并且无法补救。也有为了区域一步步扩大，它的扩大，有的出于自然发展，有的为功业欲所驱使，强求发展，到干部人才渐见竭蹶，艰于应付的时候，环境倒越加复杂起来了。控制力不免趋于薄弱了。一部历史，'政怠宦成'的也有，'人亡政息'的也有，'求荣取辱'的也有。总之没有能跳出这周期律。中共诸君从过去到现在，我略略了解了的，就是希望找出一条新路，跳出这周期律的支配。"

我国历史上经历了大小数十个王朝，这些王朝都有着大致相似的历程，即发奋兴国—盛极而衰—土崩瓦解，从而被新崛起的发奋中的王朝所取代。然后又进入新的发奋、兴盛、衰亡的周期，这就是黄炎培从几千年历史演进中归纳出来的"历史周期律"。似乎历朝历代，从没有哪个王朝能够逃脱这个周期律的宿命，只不过做得好一点的，存在时间就长久一些，至于那些生命短促的王朝，例如秦朝、隋朝，还有王莽的新朝、李自成的"大顺朝"，产生得快，死亡得也快。在很短的时间内就内外矛盾迅速激化、爆发，王朝的大厦迅速崩塌，是"历史周期律"的典型案例。

黄炎培看到中国共产党的发愤图强，边区的兴旺景象，对比国民党从崛起到迅速显露颓势，他恳切希望崛起中的中国共产党能找出一条新路，及早预防，避免走"历史周期律"的老路。毛泽东明白他的意思，也明白他的诚意和担忧，但毛泽东对此似乎已经胸有成竹，他不紧不慢地答道："我们已经找到新路，我们能跳出这周期律。这条新路，就是民主。只有让人民来监督政府，政府才不敢松懈。只有人人起来负责，才不会人亡政息。"黄炎培一直为这个"历史周期律"而困惑、担忧，找不到解决之道。他听了毛泽东的回答，感到豁然开朗：对啊！只有民主能够打破这个周期律！中国共产党在边区的制度、方式，通过人民民主、人民监督、民主集中，确实是有希望打破这个周期律的！想到这里，

毛泽东与黄炎培在延安交谈

> **延伸小百科**
>
> ### 习近平再谈"历史周期律"
>
> 2012年12月,习近平和俞正声走访8个民主党派中央和全国工商联,并分别同各民主党派中央和全国工商联领导人座谈。习近平在讲话中专门谈到毛泽东和黄炎培在延安窑洞关于"历史周期律"的对话。习近平强调,要坚定不移坚持和完善中国共产党领导的多党合作和政治协商制度,支持民主党派更好履行参政党职能,充分发挥自身优势,最大限度调动一切积极因素,凝聚一切积极力量,为实现中共十八大确定的奋斗目标和工作任务而奋斗。

他不禁为之折服,也为之感奋。

回到重庆,黄炎培写成了《延安归来》一书,其中谈及与毛泽东的对话,这样写道:"我想,这话是对的。只有大政方针决之于公众,个人功业欲才不会发生。只有把每一地方的事,公之于每一地方的人,才能使地地得人,人人得事,用民主来打破这个周期律,怕是有效的。"在书中他告诉人们,中国共产党和陕甘宁边区具有无限的生命力和光明前景。黄炎培的这本书出版后,引起了很大轰动,前后印行达十几万册,在大后方、香港、敌占区都产生了巨大的政治影响。

一张珍贵的历史照片

毛泽东和两个小八路

毛主席关心青少年

　　早在1920年,毛泽东就在湖南亲手创建了社会主义青年团。他还在《长冈乡调查》《兴国调查》中,热烈赞扬了红色区域青少年的革命活动。从根据地的"童子团"到延安的"小八路",从抗日民族解放先锋队到青年救国会,都受到毛泽东的亲切关怀。

　　1939年4月24日上午,毛泽东乘车从延安杨家岭来到东关黑龙沟的抗大校务部,出席抗大生产运动初步总结大会。车行至抗大校务部门前,停了下来。毛泽东刚下车,就见两个穿着八路军军服的少年从山坡上飞奔下来,冲到毛主席跟前。两个小八路齐声喊:"主席好!"毛泽东一看是两个小八路,就笑呵呵地问:"你们都叫什么名字啊?多大啦?"个子小一点的机灵地看了看个子高一点的,大声答道:"我叫刘长贵,他叫安定宝。我14岁,他15岁。"

毛泽东和两个小八路

原来，这小哥儿俩是同乡，都是山西寿阳胡家岩乡南沟村人，都是苦出身。刘长贵外号叫"黑牛"，6岁就没了妈，他跟着父亲和两个哥哥生活。1937年4月18日，个头儿还没枪高的刘长贵穿上军装，成了一名小红军。1937年7月，全民族抗战爆发后，国共合作，1937年8月集中于陕甘宁地区的红军主力改编为八路军，同年10月，南方红军和游击队改编为新四军。刘长贵被编入八路军一二〇师。但他实在是太小了，就给师属七一四团三营营长尤好阳当了通信员。

安定宝和刘长贵是好朋友。本来在家里放羊，很羡慕刘长贵参军，于是，他也参加了八路军。

不久，一二〇师为了提高作战能力，进行整编。他们俩因为年龄太小，被精简下来，从山西前线转移去延安，经过一个多月的长途跋涉，1938年1月到达延安。

在延安，刘长贵在抗大校务部管理科当通信员。抗大每个月都有中央领导来作报告，刘长贵虽然是通信员，但属于管理科，经常参加会场布置和端水倒茶什么的，经常能见到毛泽东等领导人。安定宝因为是给东北干部队队长、张学良的弟弟张学思当通信员，所以就没有机会见到毛泽东。他很羡慕刘长贵，于是跟他说："等毛主席再来的时候，你带我也去看看。"刘长贵答应有机会带他去看。

这次，刘长贵在参加布置抗大三周年纪念大会会场时，获知毛泽东要来，他把这个好消息告诉了安定宝。安定宝一听，按捺不住兴奋的心情，前一天晚上就跑下山来，准备"看毛主席"。可是，安定宝不能进会场，所以他们决定在早上毛泽东到达后，下车步行前往会场的路上"看"他。

早饭后，小哥儿俩就站在窑洞前，不停张望着毛泽东来的方向。当毛泽东乘坐的汽车出现的时候，小哥儿俩激动极了，相互看了

延安小课堂

毛泽东和两个小八路的照片是怎样拍摄的

那天，当毛泽东和两个小八路谈话的时候，在场准备采访会议的抗大摄影师石少华凭着职业敏感，把镜头对准了他们。就在毛泽东在手心比画教字的瞬间，石少华按动了相机快门，抓拍下了这张珍贵的照片。

但是，很长时间内，这张照片一直是没有署名的，几乎没有人知道是谁拍的。

可是，毛泽东却记得很清楚。1962年7月24日，毛泽东请石少华到家中吃饭，在聊起延安往事的时候，毛泽东竟说起这张照片拍摄的经过，还问他："这张照片为什么没署名？"石少华非常吃惊毛泽东记得这么清楚，于是告诉毛泽东，1939年9月，他离开延安去晋察冀以前，把500张左右在延安拍摄的底片全部留给了延安抗大。可惜的是，在一次日本侵略军飞机轰炸中丢失了这些底片。为了避免发生误认，他没有去认领那500张左右照片。

毛泽东肯定地说："我记得很清楚，这张照片是你拍的。"从此，这张照片才署上了石少华的名字。

一眼，立即向着汽车飞奔而去。

望着两个小八路兴奋的脸，毛泽东问道："你们这么小，参加八路军，为了什么？"刘长贵和安定宝争先恐后地答道："为了打倒日本帝国主义，解放全中国！"

听了两个小八路斗志昂扬的答话，毛泽东满意地点了点头，说："你们知道我是谁吗？""知道，您是毛主席！"

毛泽东笑着说："不对！我不叫毛主席，我叫毛泽东。"然后，话锋一转，问他们："你们念过书吗？"

刘长贵和安定宝都没有念过书，被这么一问，低下了头，红着脸轻轻地回答："没有。"

"哦！那我来教你们写我的名字。"毛泽东说着，一边弯下腰，伸出左手掌，右手在左手掌上比画着，一笔一画教他们"毛"字怎么写，"泽"字怎么写，"东"字怎么写。教完了，问他们："记住了没有？"

两个小八路齐声答道："记住了！"

毛泽东说："那好！以后要多学习哦！"说着，迈开步子向会场走去。

毛泽东走了，小哥儿俩还愣愣地站在原地，沉浸在刚刚发生的一幕里。事后，小哥儿俩好几晚都睡不着，一直在回味着这件事。这一幕刚好被摄影师石少华抓拍下来，成为历史的珍贵瞬间。

第二部分

陕北的好江南

——经济稳步发展的延安

古代的延安，很早就有先民居住于此，经济的发展也曾经有过繁荣。但是后来由于气候的变化，延安地区水土流失、植被减少，逐渐荒漠化，导致地瘠民贫。红军进驻延安后，边区擎起了抗日的大旗，各地有志之士纷纷奔向延安，使得延安人口从几千人增加到几万人。然而国民党顽固派对边区实行围困、封锁的政策，造成边区经济紧张。当时边区政府采取了很多方法，以减轻边区人民的负担。但光是"节流"是远远不够的，更重要的是要"开源"，做到自给自足，这样，就不怕封锁了。在这个背景下，边区政府发动军民大生产运动，著名的三五九旅南泥湾开荒的故事，就是当时边区军民大生产的典型事例。实际上，边区从最高领导人毛泽东、朱德到普通百姓，都积极参加生产劳动，包括开荒和纺纱等。边区军民热火朝天的大生产，使边区经济不仅做到了自给自足，而且空前繁荣，边区呈现出"陕北的好江南"的美丽画卷。

我们的伟大事业
抗大挖窑洞

"窑洞大学"

1936年6月1日，抗日红军大学在瓦窑堡成立，刚开学就遭到国民党军的袭击。7月3日，红军大学被迫移到陕北的一个偏僻小县保安县。当时保安县地广人稀，土地贫瘠，人口稀少，只有一些土屋和破庙，没有可供学校使用的校舍。几百号人的居住成了大问题。抗大教务长罗瑞卿带人在城外的山坡上找到几十个一直没人居住的破石洞，于是，这些石洞就成了红军大学的校舍。师生们将原有石洞加以修理改建，很快，一座以窑洞为教室，石壁当黑板，石块当桌椅和讲台的新校舍就建起来了。

1936年6月1日，抗日红军大学在陕北瓦窑堡正式成立。1937年1月，随着中共中央进驻延安，抗日红军大学也迁到延安，并更名为"中国人民抗日军事政治大学"（简称"抗大"）。这一年，全国各地大批进步知识青年纷纷奔赴延安，进入抗大学习。为了培养更多革命干部，满足抗日战争的需要，中共中央决定创

艰苦奋斗建校舍——抗大学员参加挖窑洞劳动

办陕北公学，要求抗大让出部分校舍。当时抗大校舍本身就不宽裕，住宿很拥挤，再让出一部分，就更挤了。抗大教育长罗瑞卿在当地干部和群众中做了周密细致的调研，又带领学校干部在凤凰山实地勘察，决定在凤凰山挖窑洞来解决校舍问题。

10月22日，抗大召开挖窑洞动员大会，罗瑞卿向抗大师生作挖窑洞动员报告。他说："现在爱国的知识青年不断来到延安学习，他们都是慕名而来，要参加八路军的。我们怎么办？当然要热烈欢迎。现在最困难的是校舍不足。我们要自己动手建。怎么建？挖窑洞。"他要求大家全力以赴，争取15天内挖出150孔窑洞。会后，他就带领1000多名抗大教职员和学员，上了凤凰山。罗瑞卿亲自挥动镢头，和大家一起挖窑洞，休息时就讲反"围剿"

和长征中的故事。

罗瑞卿把工程进度抓得很紧，每天都到现场检查进度，所以进展很快。10月23日，毛泽东获悉抗大挖窑洞并取得好成绩后，很高兴地致信抗大："听说你们建筑校舍的劳动热忱很高，开始表现了成绩，这是很好的，这将给我们一个证明：在共产党与红军面前，一切普通所谓困难是不存在的，最严重的困难也能克服，红军在世界上是无敌的。"

经过半个月突击劳动，抗大师生沿凤凰山山坡挖成175孔窑洞，超额完成25孔窑洞。窑洞洞口安装有门窗，窗棂上糊了白纸，墙壁用石灰粉刷，光线充足。窑洞挖好后，还修筑了一条3000多米长的盘山公路，方便进出，后被命名为"抗大公路"。11月14日下午，罗瑞卿主持召开了抗大新校舍落成典礼。毛泽东参加了落成典礼并讲了话，还亲手写了"我们的伟大事业"横匾，以示祝贺。到延安访问的国际友人斯诺、史沫莱特等也称赞抗大师生了不起，称抗大为古今中外未曾有的"窑洞大学"。

1939年，抗大总校转移到敌后去办学，也是历尽千辛万苦，后来在河北邢台

抗大学员自己挖的窑洞

驻扎了好久。1943年，抗大从河北邢台搬迁回陕北，又与各分校合并，学员数量激增，学校又一次发动师生自己挖窑洞，盖教室。适逢延安整风运动，抗大师生还开荒种地，种粮种菜，开办合作社等。通过师生团结协作和坚持不懈的努力，抗大不仅实现了自给自足，还创收4.76亿元。

抗大似乎生来就与艰苦有缘，办学9年，始终在艰苦卓绝的环境中打拼，因此，形成了抗大的三大校风之一——艰苦朴素的工作作风，也形象地体现了"延安精神"的艰苦奋斗的传统和风貌。

延安小课堂

延安大生产运动

1938年，陕甘宁边区留守兵团的一部分部队开始了农副业生产，一定程度上改善了他们的生活供给。中共中央及时总结推广这个经验。1939年1月初，毛泽东在陕甘宁边区第一届参议会上讲话，提出了"发展生产，自力更生"的口号，号召边区军民开展大生产运动。中共中央成立生产运动委员会领导边区生产。随着国民党对边区围困的加深，边区大生产发挥的作用更加突显。延安大生产分为三个阶段：1938年到1940年为休养民力，准备自给的阶段；1941年到1942年是渡过难关，争取自给的阶段；从1943年开始，是实现丰衣足食，建设革命家园的阶段。

"陕北的好江南"
三五九旅屯垦南泥湾

1943年春节在延安

1943年农历正月初一一大早,延安的群众敲锣打鼓、扭起秧歌到枣园给中央首长拜年。毛泽东等中央领导人同群众坐在广场上看演出。成千上万的人围成一个大圈,秧歌队在圈里演唱:"……往年的南泥湾,处处是荒山,没呀人烟。如今的南泥湾,与往年不一般,不一呀般……再不是旧模样,是陕北的好江南。……"

在延安大生产运动中,三五九旅开发南泥湾的成绩众所周知,是大生产运动中的一面旗帜。

当时,国民党以数十万军队围困陕甘宁边区,边区经济进入极端困难时期。1939年秋,一二〇师三五九旅从华北调回陕甘宁边区,驻防绥德。大批作战部队的回防,使供给问题日益严重。1940年5月,朱德总司令从抗日前线回到延安,看到边区财政入不敷出,各机关、学校、军队几乎断炊。朱德亲自带领一批人前往周边进行实地勘察,发现延安东南 90 华里的南泥湾是个适合屯田的地方。

南泥湾与国民党统治区接壤,是延安的南大门,军事地位重要,而且地广人稀,土质肥沃,水源充足,自然条件优越。朱德向中央建议,部队在南泥湾实行屯田军垦政策,既能改善部队的供给,又可以减轻人民负担。

中共中央采纳了朱德的建议,决定派三五九旅移驻南泥湾开垦荒地。1941 年 3 月,三五九旅七一七团率先开进了南泥湾。直到 1942 年,其他各团和三五九旅旅部全部入驻垦区。中共中央和

1941 年春,三五九旅响应党中央的号召,开进南泥湾

1943年，大生产运动中三五九旅在南泥湾开垦荒地

中央军委各直属单位随后也来到南泥湾参加垦荒。往日荒无人烟的南泥湾，骤然成为开荒生产的热土。

刚到南泥湾时，上级供给三五九旅每团1万~2万元屯田费，部队连最起码的吃、住都难以保障。三五九旅将士用冲锋陷阵打仗的作风进行开荒。他们的口号是"一把镢头一支枪，生产自给保卫党中央"。部队上至旅长下到普通战士，连勤务员、炊事员都编入生产小组。旅长王震身先士卒，挥起镢头开荒在第一线。三五九旅七一八团团部在山顶上，团长陈宗尧白天劳动，晚上办公。有一次他患重感冒，大家劝他下山，他却说："不完成党组织交给的开荒任务，我宁死也不离开山头。"干部的示范对全旅上下起到了极大的激励作用，于是大家争先恐后，开展劳动竞赛。

1943年，大生产运动中三五九旅的战士们在南泥湾新开垦的稻田内插秧

在一次开荒竞赛中，七一八团的一位班长李位创造了日开荒3亩6分7厘的纪录。不久七一九团的刘顺义又以4亩1分的纪录超过李位，而尹光普又以4亩2分8厘的成绩超过了刘顺义。许多战士天不亮就上山开荒，天漆黑了还不肯收工。旅领导当时定下了一条特殊的劳动纪律："不得早到和迟退！"此纪律可说中外罕见。

第一年，三五九旅就开荒种地11200亩，打粮1200石，蔬菜自给率达到78.55%，打窑洞千余孔，盖房600间；第二年开荒26000亩，收细粮5451石、蔬菜10万斤，养猪1819头，蔬菜全年自给，粮食自给3个月。到1943年，全旅共种地10万亩，生产粮食是第一年的10倍，粮食实现全部自给。到1944年，种地达26万亩，产粮3.7万石，除自己吃外上交政府公粮1万石，达到耕一余一，创造了部队不吃公粮而向政府交粮的奇迹。

三五九旅开办了纺织厂、肥皂厂，发展工业，开设商店，调剂余缺，还建立了一支有600多头驮骡的运输队，在绥德、三边、延安之间形成了多条运输线，设立了10多个骡马店。一个荒无人烟的"烂泥湾"变成了"陕北的好江南"。

三五九旅在南泥湾并不是只搞生产，不搞军事。他们是一边

■■ 延伸小百科 ■■

大生产前后的南泥湾民谣民歌

大生产前流传的南泥湾民谣："南泥湾呀烂泥湾，荒山臭水黑泥滩。方圆百里山连山，只见梢林不见天。狼豹黄羊满山窜，一片荒凉少人烟。"

大生产后的《南泥湾》（原唱王昆）歌词节选：花篮的花儿香，听我来唱一唱，唱呀一唱。来到了南泥湾，南泥湾好地方，好呀地方……到处是庄稼，遍地是牛羊。

往年的南泥湾，处处是荒山，没呀人烟。如今的南泥湾，与往年不一般，不一呀般……再不是旧模样，是陕北的好江南。

陕北的好江南，鲜花开满山，开呀满山。学习那南泥湾，处处是江南，是江呀南。又学习来又生产，三五九旅是模范。咱们走向前，鲜花送模范。

生产，一边练兵，劳武结合，其间还多次击退国民党军队的进攻。

三五九旅的经验被称为"南泥湾政策"。1942年9月9日《解放日报》发表题为《积极推行"南泥湾政策"》的社论，号召各根据地学习三五九旅的经验。在1942年12月西北局高干会议上，中共中央对三五九旅的经验予以高度肯定，毛泽东还为三五九旅题写了"发展经济先锋"，给王震等4位领导分别写了"有创造精神"等题词。

1943年年初，19岁的鲁艺学员贺敬之被三五九旅的事迹所感动，满怀激情地创作了一首歌颂南泥湾的歌《南泥湾》。25岁的作曲家马可立即为之谱曲。在这一年的春节拜年演出中，《南泥湾》受到广大群众的热烈欢迎，这首歌成为边区人人传唱的名曲，随着这首歌的广泛传唱，三五九旅南泥湾开荒的故事传遍神州。

今日的南泥湾稻田

"自己动手，丰衣足食"
中央领导参加大生产

领导与群众一起劳动

在延安大生产运动中，党中央和边区政府不仅制定政策，正确领导机关、学校的生产运动，而且主要领导人以身作则，与人民群众一起艰苦奋斗。

大生产运动开始后，中共中央和边区政府人人都参加开荒生产。谁都知道毛主席工作异常繁忙，夜以继日，日理万机，但他并没有因此放弃对自己的劳动生产要求。他没有时间去山上开荒，怎么办呢？他想了个办法，就在杨家岭窑洞前面山坡下的空地上，开垦了一块长方形的田地，约有1亩，种上蔬菜，一有空就去浇水、拔草。

毛主席身边的工作人员担心他身体吃不消，提出帮他耕种，却被拒绝。毛主席说："自己动手克服困难嘛！大生产是党的号召，我应该和同志们一样，响应党的号召，我只开一亩地，不多也不少。

我还能自己动手,坚决不要人代耕。"身边人拗不过他,只好让他干。

朱德总司令虽已年近花甲,却也是个干农活的好手,在大生产运动中更是大显身手。他亲自考察南泥湾,凭他丰富的农业生产经验,确定了开垦南泥湾的战略决策,不仅是大生产运动的杰出领导人之一,而且也是生产劳动的模范。以他为首组成了一个生产小组,在王家坪开垦了3亩地,种了十几种蔬菜。他带着几

延安枣园朱德旧居

延伸小百科

军民大生产

(张寒晖根据陕北民歌曲调填词)

解放区呀么嗬咳

大生产呀么嗬咳

军队和人民　西里里里　嚓啦啦啦　嗦啰啰啰太

齐动员呀么嗬咳

兵工队呀么嗬咳

互助组呀么嗬咳

劳动的歌声　西里里里　嚓啦啦啦　嗦啰啰啰太

满山川呀么嗬咳

妇女们呀么嗬咳

都争先呀么嗬咳

手摇着纺车　吱咛吱咛　吱咛吱咛　嗡嗡嗡嗡吱（儿）

纺线线呀么嗬咳

又能武呀么嗬咳

又能文呀么嗬咳

人问我什么队伍（一、二、三、四）

八路军呀么嗬咳

自己动手么嗬咳

丰衣足食么嗬咳

加紧生产　西里里里　嚓啦啦啦　嗦啰啰啰太

为抗战呀么嗬咳

个年轻人，精耕细作，蔬菜长势和收成良好。清晨和傍晚，人们常能看见朱德和康克清在菜园劳动的身影。为了给菜地施足肥料，朱德几乎每天早起出去捡粪。他手持铁锹，肩挎粪筐，穿行在延安城外的微微晨曦之中，完全就是一个老农民的样子。朱德还在窑洞里架起纺车纺线。

延安大生产最典型的一幕，除了开荒，就是纺线。当时，家家户户、每个单位，都可以看到纺车，走到哪里都可以看到一手持棉纱、一手摇纺车的人，也可以听到吱吱呀呀的纺线声。其实，在此之前，陕甘宁边区百姓大多不懂纺织，从棉布到针线历来都要到外面买。在边区被围困以后，军民"穿"的需求成了大问题。中共中央号召干部群众都来参加纺线。在这个活动中，中央书记处书记周恩来和任弼时做出了榜样。

延安枣园任弼时旧居

1943年,大生产运动中,延安的纺线场景

周恩来因为右手负伤,纺线很困难,最后却成了纺线能手。三五九旅王震旅长从南泥湾送来战士们打造的纺车,周恩来一边艰难地摇着它,一边向别人学习纺线,不断提高纺线技术。令人敬佩的是,他不但很快掌握了纺线技巧,还和任弼时一起,带领大家及时总结操作经验,提高了整个团队的纺线效率,出品数量和质量都有显著提高。周恩来甚至还和任弼时一起专门召集一些纺线能手,共同研究技术革新,进一步提高效率。

1943年3月,中央直属机关和中央警备团为了鼓励军民的纺线热情,在枣园组织了纺线比赛大会。周恩来、任弼时、李富春等积极参加比赛。竞赛评比委员会按照每个参赛者纺线的数量和质量，评出"英雄""突击手"和"能手"三个等级三种称号。比赛结果出来了，任弼时获纺线英雄称号，周恩来被评为纺线能手。周恩来和任弼时一再表示他们的纺线数量和质量都不够纺线英雄的标准，建议他们不参加评比，但全体评委坚持按规定、按标准，仍把他们评为纺线英雄和纺线能手，并把他们纺的头等细线送到边区农工业生产成绩展览会上展出，人们看后无不啧啧称赞。

在大生产运动中，中组部在生产中发现由于肥料不足，庄稼长得不够肥壮。陈云等中组部的负责人就带头到处收集肥料。特别是陈云，他带头挑起了大粪。有一次，陈云挑着大粪，碰到一个不愿意挑大粪的人，他故意对那人说："大粪是香的。"那人困惑地问："大粪明明是臭的，你怎么说是香的呢？"陈云笑了笑，说："你看这些大粪是臭的，但是浇在地里，将来长出蔬菜和水果，不是就变成香的了吗？"那人惭愧地说："对对……"

由于陈云等人的带头，中组部积肥工作最出色，收集肥料最早，也最多，从而推动了整个积肥工作的开展，为延安掀起积肥热潮，为春耕春播提前做好了准备。

当时，张闻天是延安马克思列宁主义学院（简称"马列学院"）院长，他看到中央局缺乏农具，就自费购买了两把锄头，自带农具参加生产。当时马列学院的学生们都是一帮从大城市来的青年书生，肩不能挑、手不能提，所以马列学院的生产形势一度落后于其他单位。张闻天就给青年学生们写了一封信，鼓励他们全心全意投入生产。学生们全体行动起来，发挥创造性，采用强弱混

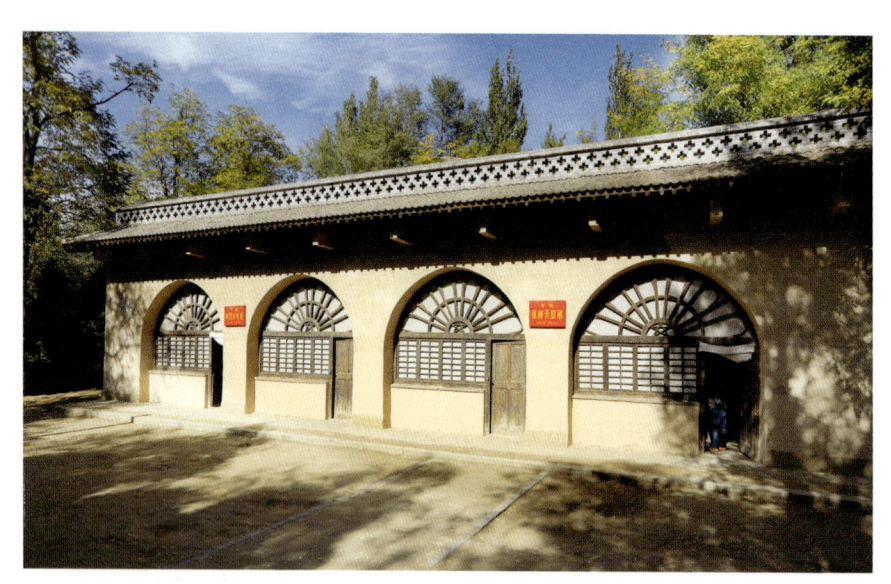

延安枣园周恩来、张闻天旧居

合编组、分组竞赛等办法，用一个多星期就完成了开荒任务。他们还把劳动和学习交叉进行，这样，等于半农半读，劳逸结合，有效地提高了学习和劳动的效率，使生产与学习两个任务都能圆满完成。

中共中央和边区政府的其他领导人也都亲自动手开荒种地，并经常深入基层，指导生产，解决生产中的实际问题。边区政府主席林伯渠还专门制订了个人生产节约计划，贴在边区政府机关墙报上，随时接受群众监督。中共中央和边区各级领导干部在生产劳动中的模范行为，成为边区广大军民心中的榜样，极大地鼓舞了边区军民自己动手克服困难的信心，使边区经济很快摆脱了困境，有力地支援了前线的战斗，迎来了抗战的全面胜利。

战斗英雄搞生产
南泥湾里屯垦忙

开荒英雄"气死牛"

1943年3月的一天，在甘泉清泉沟的一片山坡上，八路军三五九旅一个叫郝树才的战士和一头牛比赛开荒的速度。比赛开始，郝树才用了不到3个小时，就开垦了1.5亩荒坡，而那头牛却躺下了。郝树才以为牛是要休息，他也坐下来吸了一锅旱烟等牛起来，再接着比拼。谁知那头牛再也没有起来，并口吐白沫，当场死去。当时在场的人很多，看到这一幕，人们都不敢相信自己的眼睛，纷纷传说："那耕牛赛不过郝树才，活活给气死了。"

郝树才，1935年8月参加红军，他在战争中出生入死，3次负伤，4次立特等功，两次被评为特等战斗英雄。1941年担任三五九旅的排长，随部队开进南泥湾，执行屯垦任务。

郝树才生来强壮，在大生产运动中，他把开荒当作消灭敌人。垦荒刚开始时，别人一天只能开1分荒地，而郝树才就创造了日

郝树才（1904—1986），清涧县人。

开荒5分荒地的纪录。随着大家开荒的经验越来越丰富，郝树才的开荒速度更是突飞猛进，接连打破开荒纪录。他的开荒速度刷新到每天1.5亩的时候，团首长发出号召，要求全团向他学习，后来他又接连刷新自己的纪录。

1943年3月7日，边区部队举行开荒能手开荒比赛。三五九旅94个开荒能手云集赛场。在比赛中，郝树才使出浑身解数，创造了一天开荒4.23亩的全军最高纪录，震动了全边区。

接连3天，郝树才天天保持4亩以上纪录。边区到处传说着郝树才的开荒故事。甘泉农民马长福对郝树才一天开荒4.23亩的纪录就是不相信，提出用牛和他比赛开荒。于是就有了"气死牛"的故事。

1944年年底，郝树才出席了陕甘宁边区劳模代表大会，被授予陕甘宁边区"甲等劳动英雄"称号。大会结束，毛主席和中央领导走下讲台，来到劳模代表中间，同他们一一握手。郝树才站在第一排的走道处，第一个和毛主席握手。朱总司令向毛主席介绍道："这就是每天开荒四亩三分地的南泥湾战士、人称'气死牛'的劳动英雄郝树才。"毛主席笑了，一手握着他的手，一手拍拍他宽厚的肩膀说："八路军光气死牛这还不行，我们还要气死日本鬼子和反动派！"说着大家都笑了。

中央办公厅行政处旧址

会后,中央办公厅在沟口机关食堂设宴招待了劳动英雄们。席间,毛主席问郝树才:"'气死牛',你明年怎样打算?"郝树才想了一下说:"一边打仗,一边生产,我们连上打六百石粮。"停了一下,又说:"主席,我要提个意见。"毛主席点了一下头,笑笑说:"好呀,诚恳接受,热烈欢迎。请提吧!"

郝树才一脸困惑地说:"主席,大家叫我'气死牛',你怎么也叫我'气死牛'?我是八路军,怎么能跟牛比拟呢?"

毛主席哈哈大笑,拍了一下他的肩,说:"'气死牛',这有什么不好?大文学家鲁迅说,他甘作孺子牛,吃的是草,给人民的是奶和血。我们都要当农民的老黄牛,你不光要'气死牛',还要气死敌人,气破天。"说完又是一阵爽朗的笑。郝树才这才若有所思地点头称是。

从此,"气死牛"郝树才的名字传遍了陕甘宁边区。

延伸小百科

其他敌后抗日根据地的大生产

根据中共中央关于抗日根据地经济建设的方针政策，战斗在晋察冀、晋冀鲁豫、晋绥、山东、华中、华南等地区的各敌后抗日根据地的军民，也在"劳动与武力结合""战斗与生产结合"的口号下，一面战斗，一面生产，在十分艰苦的环境中，创造了开展大生产运动和进行经济建设的多种形式。各根据地政府采取发放农贷（包括贷款、贷粮、贷种子）、支援牲畜、代制农具等措施，帮助群众发展生产。各根据地还派出小股部队，打击敌人，掩护军民生产。农忙时节，各部队更是大力支援农民抢收抢种。在发展农业的同时，敌后各根据地还注意发展工业生产，建立小规模的各类工厂，制造枪弹、地雷、手榴弹等武器，生产衣被、毛毯、文具、纸张、肥皂等生活用品，还成立各种合作社等组织，大大提高了劳动生产效率。

大生产运动中，八路军指战员在太行山上开荒

第三部分

把文艺落后地区变成文艺中心

——延安的文艺活动

延安的文艺，在中国现代历史上是一个传奇。延安文艺界，是当时中国文艺界最有活力、最富于战斗力和创造力的文艺群体。当时，延安的文艺工作者创作了一大批旋律优美、深受老百姓喜爱的文艺作品，如：歌曲《黄河大合唱》《延安颂》《东方红》《南泥湾》；秧歌剧《兄妹开荒》《夫妻识字》；新歌剧《白毛女》；等等。还有一大批激励人心的革命故事，如：富有传奇色彩的"文小姐、武将军"女作家丁玲率领的"西战团"故事，大胡子艺术家柯仲平率领的民众剧团的《小放牛》故事等。除此之外，延安文艺座谈会提出了文艺"为工农兵服务"的基本方针，使文艺工作者有了努力的方向，激发出他们更强的创造力，从而创作出大批积极向上、贴近民众、反映时代要求的新经典、好作品，创造了一个辉煌的延安文艺新时代。

抗日前线的宣传队
西战团的故事

西北战地服务团

1937年，七七事变爆发，延安军民群情激昂，纷纷要求上前线。7月13日毛泽东在抗大操场上作报告，激励大家："只要是不怕死的，都有机会上前线。你们准备着好了，哪一天命令下来，哪一天就背起毯子走。……"听完报告，著名女作家丁玲怀着激动的心情，去找原来上海左联的战友、中国文协理事吴奚如，一起商量成立一个精干的战地记者团。要求用很少的人，花很少的钱，到前方去，走很多的地方，写很多的抗战通讯，鼓舞士气。丁玲给中宣部打了报告。这时，刚刚毕业的抗大学员听到消息，也纷纷要求参加记者团。丁玲和吴奚如决定扩大队伍规模，成立一个文艺宣传团，定名为"西北战地服务团"（简称"西战团"）。

毛泽东很赞成丁玲提出的成立战地记者团的想法，几次与丁玲谈话予以鼓励，他说："这个工作很重要，对你也很好，到前方去可以接近部队，接近群众，宣传党的政策，扩大党的影响。

女作家丁玲（左一）和西战团成员在一起

你们在宣传上要做到群众喜闻乐见，要大众化，不管是新瓶新酒也好，旧瓶新酒也好，应该短小精悍，适合战争环境，为老百姓所喜欢，要向友军宣传我党的抗日主张，扩大我们党和军队的政治影响。"毛泽东的支持让丁玲信心倍增。

1937年8月12日，西战团在延安召开成立大会，到会23人。中宣部代表朱光宣布任命丁玲为主任，吴奚如为副主任。下面分为宣传股、通讯股和总务股。8月15日晚，延安各界在大礼堂举行晚会欢送西战团，毛泽东出席晚会并致词，激励大家用自己的笔和口与日本帝国主义者作战，宣传党的抗日救国主张，争取抗战的胜利。丁玲致答词表示"要誓死打退日寇，如不达到此目的，决不回来与诸位见面"。

9月22日，全团40多人意气风发，唱着抗日歌曲从延安出发，经延长县，东渡黄河，进入抗战前线山西。西战团一路演，一路宣传，名声大震。10月10日到达临汾，当晚就进行了盛大的演出，观众达5000多人，演出结束后久久不肯散去，群情激昂，高呼抗日口号。随后，西战团马不停蹄地赶往太原。在太原，每天都有人来报名，要求参加西战团，或者要求西战团教唱歌、教排戏、座谈、讲演，记者也纷纷来采访，西战团驻地成为太原最热闹的地方之一。

1937年10月，日寇大举进攻太原，情况紧急。10月25日，西战团兵分两路：一路由丁玲率领，经和顺、辽县，向刘伯承的一二九师靠拢；一路由吴奚如带领，前往晋西北寻找总政治部民运部。11月7日，丁玲率领的西战团在和顺县石拐村找到了八路

延伸小百科

"中国有希望了"

西战团到达临汾，丁玲带助手去县政府联络，途中遇到坐在黄包车上的国民党县长。这位县长把西战团那张有第十八集团军大印的关防护照左看右看，又把丁玲上上下下打量一番，见丁玲衣着破旧，满是灰尘，怎么看都不像个有身份的人，就冷冰冰地甩下一句"到县政府找第一科去"后扬长而去。团员都很气愤，丁玲却不气馁，立即开始准备演出。西战团要演出的消息传开，远近十几个团体的人都来看，驻军的团长也来了，那个国民党县长也来了。当晚，那个国民党县长登台演说："怎么也没想到，西战团的领导、著名女作家，就是这样朴素的装束，就是这么朴实，八路军就是这样艰苦抗战，中国有希望了！"

军总司令部，之后就随总司令部行动，一边行军一边演出，行程数千里，演出百余场。为了避开敌机轰炸，他们昼伏夜出，有时候在壕沟里伏上两三夜，甚至要赤脚爬山。

1938年元旦，西战团随八路军总部在刘村过新年，与正在那里演出的上海抗日救亡演剧一队相遇。两支文艺队伍汇集在一起，使得西战团力量大大增强。1938年3月，西战团奉命前往西安。3月中旬，西战团在西安易俗社举行大型公演，演出《突击》，每天两场，连演三天，场场爆满，还增加了一场慰问伤兵的演出。易俗社社长高培支被西战团的精神所感动，750元的场租费，只收了200元。7月，西战团在易俗社举行第三次公演，演出了两出大戏——京剧《忠烈图》和秦腔《烈妇殉国》，都是根据老舍作品改编的抗战主题戏剧，用"旧瓶"装"新酒"，产生了轰动。7月22日，西战团完成了在西安的演出任务，返回延安。8月1日，在延安庆祝八一建军节的晚会上，西战团演出了《突击》，不久又在延安大礼堂举行汇报演出，演出《忠烈图》《烈妇殉国》，得到各界的高度赞扬。11月，西战团奉命前往晋察冀抗日根据地。由于丁玲当时在延安马列学院学习，因此由副主任周巍峙带队，第二次奔赴抗日前线。在晋察冀边区，西战团深入农村，与群众紧密结合，甚至到敌人的据点附近演出，为地方培养文艺宣传人才，帮助组织和辅导村剧团，创作剧本60多部。1944年4月初，西战团回到延安。1945年6月，中宣部决定撤销西战团建制，大部分成员被分配到鲁艺各系。西战团的历史宣告结束。

唱出时代最强音

延安的歌曲创作

> **周恩来为冼星海题词**
>
> 1939年《黄河大合唱》在延安隆重推出，引起轰动，多人为之题词，周恩来为曲作者冼星海题词："为抗战发出怒吼，为大众谱出呼声！"

抗战时期，延安被誉为"歌城"，因为它到处洋溢着昂扬的抗日歌声，抒发着民族的爱国激情，这与一批爱国艺术家的倾情创作密不可分。他们当时创作了大量脍炙人口的歌曲，特别是《抗大校歌》《延安颂》《黄河大合唱》等著名歌曲，被人们广泛传唱。

1937年11月初，毛泽东向时任中共中央宣传部代部长的凯丰提出，红军大学改名了，应该重新写一首抗大校歌，来代替原来的红大校歌，并让凯丰来写歌词。

中共中央宣传部旧址

　　凯丰接受了这个任务，心潮澎湃：想到党中央赋予抗大的使命；想到抗大创办后一群群热血青年历尽千辛万苦，从四面八方涌来，聚集到了宝塔山下；想到他们在抗大，践行着毛泽东制定的"坚定正确的政治方向、艰苦朴素的工作作风、灵活机动的战略战术"的教育方针和"团结、紧张、严肃、活泼"的校训，自己动手挖窑洞，自己动手种粮食，一面苦练杀敌本领，一面刻苦攻读政治文化和军事知识，和延安军民同呼吸共命运；想到这些中华民族的优秀子孙，肩负着抗击侵略、振兴民族、建设新社会的使命。想到这些，他按捺不住自己的激情，连夜写出了歌词：

黄河之滨，集合着一群中华民族优秀的子孙，

人类解放、救国的责任，全靠我们自己来担承。

同学们，努力学习，团结、紧张、严肃、活泼，我们的作风。

同学们，积极工作，艰苦奋斗，英勇牺牲，我们的传统。

像黄河之水，汹涌澎湃，把日寇驱逐于国土之东。

向着新社会前进，前进，我们是抗日者的先锋！

歌词写出了抗大师生的救国激情和为民族振兴献身的精神，写出了抗大的办学宗旨、校风校训和历史使命。当凯丰把自己饱含激情创作的抗大校歌歌词交给毛泽东审阅时，毛泽东说："写得不错，完全符合抗大的办学方针。"当时上海的青年音乐家吕骥刚来到延安，毛泽东就请吕骥来谱曲。吕骥拿到《抗大校歌》歌词后，反复吟诵，他被歌词深深地打动，也被抗大师生所感动，激情化为串串音符，仅用两天的时间就谱好了曲。吕骥找到凯丰，唱给他听，凯丰听了非常满意，立即让吕骥唱给教育长罗瑞卿听。罗瑞卿听后，什么都没说就把原稿接了过去，开始组织试唱。两天后，吕骥就听见抗大的学生在传唱这首歌。

这首歌具有黄河般磅礴的气势、坚定沉着的节奏、奔放昂扬的旋律，让听者血脉贲张、激情澎湃，达到了词曲的完美结合，成为了我军军队系列歌曲的典范，为后来我军的军歌、大学校歌做出了示范。

1938年4月，鲁迅艺术学院音乐系学生郑律成被《抗大校歌》

慷慨激昂的旋律感染，与文学系女学生莫耶一起创作了《歌颂延安》，后改名《延安颂》。从此，《延安颂》响彻延安城，传遍各抗日根据地，成为激发国人抗日爱国热情的战歌。

1938年12月，著名诗人光未然受周恩来、郭沫若的派遣，作为军事委员会政治部文化督察专员，赴第二战区视察文化工作。他从武汉出发，一路跋涉，到达陕西宜川县。在壶口下游风急浪险的渡口乘小船渡黄河时看着翻滚的浪涛，思如泉涌，脑海里已孕育了一部诗作的大半。

1939年1月，光未然抵达延安。2月18日，光未然在延安的除夕晚会上朗诵了他的新诗《黄河吟》。音乐家冼星海听后异常兴奋，决心为它谱曲，光未然对原诗做了一些修改，3月初交给冼星海。冼星海当时并没有马上开始谱曲，一直酝酿到3月25日，在延安鲁迅艺术学院一孔简陋的土窑洞里，他抱病连续创作了6天，于3月31日完成了这部震动中外的音乐巨著。5月11日，在鲁迅艺术学院成立一周年纪念音乐会上，《黄河大合唱》正式公演，毛泽东观看演出后连声称赞。当晚冼星海怀着激动的心情在日记里记下了这件事。《黄河大合唱》全曲由九个乐章组成：《序曲》《黄河船夫曲》《黄河颂》《黄河之水天上来》《黄水谣》《河边对口曲》《黄河怨》《保卫黄河》《怒吼吧！黄河》。歌曲以深沉的船夫号子，唱出了沦陷区人民在日本侵略者铁蹄下的痛苦呻吟；以高亢、雄浑的音调和跌宕起伏的旋律，唱出了黄河的磅礴气势。《黄河大合唱》是伟大的中华民族向日本法西斯发出的

1939年4月,音乐家冼星海在延安鲁迅艺术学院指挥排练《黄河大合唱》

怒吼,是全国军民决心战胜侵略者的誓言。7月8日,从重庆归来的周恩来听了《黄河大合唱》,十分振奋,他挥毫为冼星海题词:"为抗战发出怒吼,为大众谱出呼声!"

延伸小百科

黄河大合唱·保卫黄河

风在吼　马在叫

黄河在咆哮　黄河在咆哮

河西山岗万丈高　河东河北高粱熟了

万山丛中　抗日英雄真不少

青纱帐里　游击健儿逞英豪

端起了土枪洋枪

挥动着大刀长矛

保卫家乡　保卫黄河

保卫华北　保卫全中国

风在吼　马在叫

黄河在咆哮　黄河在咆哮

河西山岗万丈高　河东河北高粱熟了

万山丛中　抗日英雄真不少

青纱帐里　游击健儿逞英豪

端起了土枪洋枪

挥动着大刀长矛

保卫家乡　保卫黄河

保卫华北　保卫全中国

……

群众文化生活活跃

民众剧团的故事

做群众喜欢的事

1938年4月的一天，陕甘宁边区工人代表大会为了活跃群众文化生活，组织了戏曲晚会，演出京剧《升官图》、秦腔《五典坡》，毛泽东颇有兴致地和群众一起看戏，发现群众非常喜欢戏曲，就对坐在他身边的工会负责人齐华说："群众喜欢的形式，我们应该搞，但就是内容太旧了，应该有新的革命的内容。"毛泽东又问在座的诗人柯仲平："你说我们是不是应该搞？"柯仲平答："应该，应该。"

1938年5月23日柯仲平发起成立边区民众娱乐改进会（简称"改进会"），利用传统形式，宣传抗日内容，演出了马健翎创作的现代戏《一条路》和张季纯创作的《回关东》，受到群众欢迎。在此基础上，柯仲平开始筹建陕甘宁边区民众剧团，他拿出自己的全部稿费作为活动基金，边区领导也纷纷资助，毛泽东资助剧团300元（边币），周恩来、博古各资助100元（边币），贺龙不仅现金资助，还送来一批战利品，陈云赠送一部小型电影机。7月4日，陕甘宁边区民众剧团（简称"民众剧团"）正式成立。

民众剧团成立后，坚持扎根群众，常年在边区的村寨里演出，演出剧目包括反映民间疾苦、社会革命、抗击侵略题材的节目，剧种以老百姓喜闻乐见的秦腔、秧歌剧、眉户等传统戏剧形式为主，如源于民间故事的《小放牛》就是剧团的保留节目，非常受群众欢迎。1939年春天，民众剧团从延安出发，深入到陕北边远山镇，经过延川、瓦窑堡、子长、安定、延长、定边、盐池、安塞、保安（志丹）9个县、镇，总行程2500余里，进行巡回演出。持续时间长达一年，直到1940年春才回延安。《解放日报》发表文章，把民众剧团这次长时间巡演誉为"小长征"。

延安小课堂

陕甘宁边区民众剧团成绩斐然

边区《解放日报》发表专题报道《民众剧团下乡八年》，为边区民众剧团列出了一份亮眼的成绩单："……下乡最多的是民众剧团，平均每8天有3天在乡间，共走了全边区31个县、市中的23个县，190余个市镇、村庄，演出1475场戏，平均两天演一场，观众达260万人次以上。创作剧本45个，改编15个。"受民众剧团影响，边区的关中、陇东、三边、绥德等分区，相继成立了地方民众剧团。

民众剧团史雷、贺原野演出的眉户剧《十二把镰刀》剧照

    1942年5月16日，在延安文艺座谈会的第二次大会上，柯仲平介绍了剧团几年来坚持走通俗化道路，贴近老百姓要求，在边区各地农村演出《小放牛》剧目大受欢迎的情况。他说，不要瞧不起《小放牛》，我们演《小放牛》，群众很喜欢，剧团离村的时候，群众恋恋不舍地送得很远，并给了好多慰问品。他还告诉大家找他们剧团很简单，顺着鸡蛋壳、水果皮、红枣核多的道路走，就可以找到。他说到这里，会场顿时响起了欢快的笑声。这时，一直在静听发言的毛泽东也笑了，并接上话头说，不能老是《小放牛》，你们如果老是《小放牛》，就没有鸡蛋吃了！"

毛泽东的话引得大家一阵大笑。

《小放牛》是流行于河北省民间的传统歌舞小戏，是一段载歌载舞的男女对唱。情节描写一个村姑向一个牧童问路，俏皮的牧童故意为难，两人一问一答，歌舞一番而别的情景。

除了《小放牛》，民众剧团的保留剧目还有《血泪仇》《穷人恨》《十二把镰刀》《一条路》《好男儿》《查路条》《中国魂》《三岔口》《保卫和平》等。

延安文艺界的盛会

延安文艺座谈会

延安文艺座谈会的伟大意义

延安文艺座谈会探索到一条正确解决思想、文艺问题的路子。延安文艺座谈会标志着革命文艺理论和党的文艺路线的成熟。延安文艺座谈会之后，延安文艺界出现了一派欣欣向荣的新气象。文艺工作者创作出了一系列优秀的作品，这些作品被改编成歌剧、历史剧、秧歌剧等形式。文艺工作者不仅深入田间地头，而且奔赴抗战前线，他们的表演极大地鼓舞了全国军民的革命斗志。

1942年5月2日下午1时半，延安文艺座谈会第一次会议在延安杨家岭中央办公厅会议室召开。室内没有什么陈设，靠窗放了一张不大的办公桌，算是主席台，会议室内放了20多条长板凳，有100多人出席会议，把房间挤得满满的。

1938年召开的六届六中全会上毛泽东提出了学习马克思主义中国化的问题，但他一直感到推进得不够理想，所以他一直在强

延安杨家岭中央办公厅旧址，延安文艺座谈会召开的地方

调学习，又撰写了《改造我们的学习》。到1942年年初提出"整顿三风"（学风、党风、文风），这是延安整风的主要内容。延安文艺座谈会，就是延安整风在文艺界的重要举措。

会议开始，毛泽东首先讲话，他环顾四周，说："同志们！今天邀集大家来开座谈会，目的是要和大家交换意见，研究文艺工作和一般革命工作的关系，求得革命文艺的正确发展，求得革命文艺对其他革命工作的更好的协助，借以打倒我们民族的敌人，完成民族解放的任务。"接着，毛泽东提出了立场、态度、工作对象、材料、工作和学习六个问题，请大家讨论。

萧军第一个发言，讲道："红莲、白藕、绿叶是一家，儒家、道家、释家也是一家；党内人士、非党人士、进步人士是一家，政治、军事、文艺也是一家。他们的辈分是平等的，谁也不能领导谁。我们革命，就要像鲁迅先生一样，将旧世界砸得粉碎，绝不写歌功颂德的文章。像今天这样的会，我就可以写出十万字来。我非常欣赏罗曼·罗兰的新英雄主义。我要做中国第一作家，也要做世界第一作家。"

毛泽东的秘书胡乔木不同意萧军的意见，站起来一一否定，萧军也激烈反驳。听众中有赞成萧军的，也有赞同胡乔木的。争论了好一阵子之后，欧阳山、艾青、罗烽、草明、李伯钊等也先后发言，贺龙也偶然插话。会场气氛十分活跃，大家畅所欲言，将各种观点都毫无保留地讲了出来。会议一直持续到晚上10点半。

之后，大会分为文抗、鲁艺、大众读物社、文化俱乐部、戏

1942年5月5日，毛泽东等中央领导人同参加延安文艺座谈会的文艺工作者合影（前排左二起：凯丰、任弼时、王稼祥、徐特立、博古、刘白羽、罗烽、草明、田方、毛泽东、张悟珍、陈波儿、朱德、丁玲、李伯钊、瞿维、力群、白朗、塞克、周文）

剧界等小组开展讨论。

5月16日上午10点，第二次讨论会召开，丁玲第一个发言，她说："文艺到底应该以歌颂为主呢，还是以暴露为主呢，还是如有人讲的'一半对一半'呢？我想，对于光明的进步的，当然应该给以热情的讴歌；但对黑暗的阻碍进步的现象，我们决不能放下武器，袖手旁观，应该无情地暴露它。"（对这个观点，毛泽东在作结论时作了修正：无论是进步的落后的、光明的黑暗的，我们文艺工作者的讴歌与暴露，都应因人而异，也就是说要有鲜明的阶级立场和阶级感情）之后有艾思奇、柯仲平、欧阳山尊、张庚等10多人发言。

这次会议讨论非常激烈，时间持续更长。

第三次大会在5月23日上午10点举行，大家发言仍然很积极，争论依然很激烈。朱德总司令作了总结性发言。最后，由毛泽东作总结讲话。

毛泽东的讲话从延安文艺界的实际情况出发，从马克思文艺理论的高度，高屋建瓴、系统全面地论述了文艺"为什么人"和"怎样为他们"的根本问题，指出了文艺为人民大众服务的根本方向和文艺工作者必须深入实际，走与人民大众相结合的根本道路等一系列问题。虽然整个会议期间，各种观点碰撞、交锋非常激烈，但是当毛泽东讲完后，大家一致心悦诚服。

延安文艺座谈会后，广大文艺工作者纷纷深入工厂、农村、部队，熟悉生活、了解群众，改变立场、态度和方法，精神面貌

延伸小百科

北京文艺座谈会

2014年10月15日上午，中共中央总书记、国家主席、中央军委主席习近平在北京主持召开文艺工作座谈会并发表重要讲话。他强调，文艺是时代前进的号角，最能代表一个时代的风貌，最能引领一个时代的风气。实现"两个一百年"奋斗目标、实现中华民族伟大复兴的中国梦是中国长期而艰巨的伟大事业。实现这个伟大事业，文艺的作用不可替代，文艺工作者大有可为。广大文艺工作者要从这样的高度认识文艺的地位和作用，认识自己所担负的历史使命和责任。我国作家艺术家应该弘扬中国精神、凝聚中国力量，鼓舞全国各族人民朝气蓬勃迈向未来。

王昆、陈强演出《兄妹开荒》剧照

发生了根本变化，结合实际斗争生活，结合工农兵群众，文化工作空前活跃，接连创作了一大批反映新人物，新生活的传世佳品，如：秧歌剧《兄妹开荒》《夫妻识字》等；新编历史剧《逼上梁山》等；歌剧《白毛女》等；叙事诗《王贵与李香香》等。不仅创作和演出数量、规模大大超过历史纪录，而且作品内容也从思想性到艺术形式发生了深刻变革。

新社会把"鬼"变成人
《白毛女》的创作

《白毛女》片段描述

"北风那个吹,雪花那个飘,雪花那个飘飘,年来到……"一个农村贫苦佃户家的姑娘喜儿,在除夕之夜孤独地盼望外出躲债的父亲归来。但是,刚刚盼到父亲回家相聚,接踵而来的,是家破人亡的悲剧……这是延安经典文艺作品《白毛女》中的一个片段。

1944年3月,一直在晋察冀边区开展抗战宣传活动的西战团接到中央命令,开始返回延安。西战团在晋察冀已经活跃了5年半,他们深入民间,不仅开展演出,还积累了大量的文艺创作素材。

回到延安后,西战团干事邵子南调到延安大学鲁迅文艺学院任教。他开始投入紧张的创作中,继《李勇大摆地雷阵》之后,仍以反"扫荡"斗争为题材,继续创作了《贾希哲夜夜下西庄》《闫荣堂九死一生》《牛老娘娘拉毛驴》《雪岭红星》等小说。同年,

延安大学鲁迅文艺学院旧址教室外景（马克辛摄）

中共中央决定召开党的第七次代表大会。延安大学鲁迅文艺学院院长周扬动员大家创作向中共七大献礼的作品。邵子南想起了自己在晋察冀边区搜集到的"白毛仙姑"的故事：1940年左右，河北阜平的山间和庙宇里，有一个全身白毛的"女鬼"经常神出鬼没，老乡们称她"白毛仙姑"。后来，不信鬼神的八路军经过深入调查，终于抓住了那个"白毛仙姑"，才真相大白。原来，所谓"白毛仙姑"，实际上是当地一个被地主迫害的农村少女，只身逃入深山，在山洞中艰难度日多年。因昼伏夜出，缺少阳光和营养，全身毛发变白。为了果腹，她不得不偷食庙中供果，所以在庙宇中出没，是八路军的到来解救了她。

邵子南把这个素材拿出来给大家看。开始，有人觉得这是个装神弄鬼的故事，没有积极意义，也有人认为它的主要意义是破除迷信。但经过讨论，大家逐步认识到，这个故事虽然带有民间

1945年4月，歌剧《白毛女》在延安首次演出剧照，首演由王滨、王大化、舒强、水华导演，张守维（饰杨白劳）、王昆（饰喜儿）主演，陈强、王家乙、李波、邸力等参演

传说色彩，但有极大的启示意义，受害少女的命运象征着旧社会亿万农民备受压迫的苦难历史，典型地反映出"旧社会把人逼成'鬼'，新社会把'鬼'变成人"的深刻寓意。

材料报到周扬手上，周扬说，可以写个歌剧作为向中共七大献礼作品，并指示以邵子南、王滨等人组成创作组。于是，先由邵子南执笔用传统戏曲方法写了《白毛女》剧本的第一稿，并进行了排练，之后，在不断修改过程中，鲁艺戏剧和音乐系组织了精兵强将参与创作，贺敬之、丁毅执笔修改剧本，并将其改编为一部新型的歌剧，然后，马可、张鲁、瞿维、焕之、向隅、陈紫、刘炽参与作曲，最终完成了《白毛女》的剧本创作。

1945年4月，新歌剧《白毛女》第一次公演，观众是中共七大的全体代表，毛泽东、周恩来和其他中共领导人也出席观看。

演出取得了巨大的成功，很多人热泪盈眶，久久不能平静。

事后，中共中央办公厅向演出团队传达了毛泽东、周恩来和其他中共领导人的三点意见：第一，这个戏是非常适合时宜的；第二，黄世仁应该被枪毙；第三，艺术上是成功的。中央领导的看法是：中国革命的基本问题是农民问题，所谓农民问题主要就是农民反对地主阶级剥削的问题。在抗日战争胜利后，这种阶级斗争必然尖锐起来，这个戏既然反映了这种现实，一定会广泛地流行起来。

歌剧《白毛女》向党的七大献礼获得巨大成功，受到延安军民空前热烈的欢迎，在延安连演30多场，场场爆满，每次演出到精彩的片段，掌声雷动，经久不息，每到悲伤的时候，台下总会唏嘘声一片。有的女观众，从第一幕开始，到最终落幕，眼泪就没有干过。还有一次，演到最后，有个战士竟冲上台去，拔枪要打死饰演地主黄世仁的演员陈强。有些村庄，观看了《白毛女》后，在村子里发动群众展开反霸斗争，很多战士看后，纷纷要求为杨白劳、喜儿报仇，部队由此掀起了杀敌立功的热潮。《白毛女》成为边区开展思想教育的良好教材。

新歌剧《白毛女》是延安文艺座谈会后文艺工作者爆发出的创作能量的表现，是延安文艺的标杆性作品，具有里程碑意义。抗战胜利后，鲁艺带着《白毛女》向华北、东北进发，在张家口、哈尔滨、沈阳等地演出，《白毛女》迅速流传到各解放区乃至全中国，受到广大人民群众的热烈欢迎。半个多世纪以来，新歌剧《白毛女》唱响大江南北，家喻户晓。

延安小课堂

延安文艺座谈会后的另一部秧歌剧——《夫妻识字》

《夫妻识字》是由我国著名作曲家马可创作于延安文艺座谈会后的秧歌剧,曾被王昆、郭兰英、朱逢博老一辈艺术家无数次演唱,至今经久不衰。故事通过对刘二夫妻互帮互学,"生产当个模范,学习要争个第一"的生动描写,歌词节选如下:

……

男:不识字不知道大事情
　　旧社会咱不识字
　　糊里糊涂受人欺
合:如今咱们翻了身
　　受苦人变成了当家的人
　　睁眼的瞎子怎能行

……

男:识字牌牌好比明灯一盏
女:牌牌上的字儿我记心间
男:什么字你记心间
女:这两个字儿叫生产
男:你把那生产讲一讲
女:万般事儿它当先
男:男的我变工去耕地
女:女的我织布纺线线

……

从第一架摄影机到第一部影片
延安电影团

来自上海的第一架摄影机

1938年一个漆黑的夏夜，在武汉郊区的一条街上，一个青年从一辆出租汽车上下来，跟路边等候着的一个外国人打了个暗号，外国人心领神会，立即把他携带的一台名贵的"埃姆"35毫米摄影机抬上了车。外国人急促地对青年说："延安，延安！"青年点点头，上车走了。不久，延安电影团在黄帝陵开拍影片《延安与八路军》，用的就是这台摄影机。这个外国人就是世界著名的荷兰电影家尤里斯·伊文思，那个青年就是中国著名电影摄影家吴印咸。

1938年4月1日，陕甘宁边区抗敌电影社成立。但因缺乏技术设备，难以开展活动。同年8月，上海抗日救亡演剧一队的一批艺术家来到延安，其中就有袁牧之。袁牧之在上海时主演了《桃李劫》《风云儿女》等影片，导演了《马路天使》等影片，已经名满天下。他受命组建延安电影团。在周恩来的安排下，袁牧之去香港购买了一台16毫米"菲尔姆"摄影机和洗印机、放映机等全套摄影器材，以及胶片数万米。同时，他又写信叫自己在上海"电通"和"明星"影片公司的老搭档、摄影师吴印咸一起去延安。吴印咸接到信后，毅然决定离开上海去延安。吴印咸参加筹建电影团的第一个任务，就是到武汉接收荷兰著名电影家伊文思捐赠的电影摄影器材。

伊文思是一个富有正义感的艺术家，他来到中国原本想赴延安和华北，拍摄中国抗战的中心延安和敌后游击战争的纪录片，却遭到国民党当局百般阻挠，无法成行。这时，他会见了袁牧之，了解到延安正在筹建电影团，急需摄影设备。伊文思当即决定把自己用的"埃姆"摄影机和几千英尺胶片赠送给延安电影团。于是就有了本文开头的片段故事。

1938年8月18日，袁牧之和吴印咸带着这批电影器材到达延安，延安第一次有了电影器材，随即延安电影团创建，隶属于八路军总政治部。袁牧之任艺术指导和编导，吴印咸为摄影队队长。

袁牧之立即开始筹拍一部反映延安和八路军的纪录片，他具有丰富的策划、构思和创作经验，很快撰写了拍摄大纲。电影团全体人员齐心协力，精心准备。1938年10月1日，电影团在黄帝陵开拍了大型纪录片《延安与八路军》的第一个镜头——一队队、一群群各地青年情绪高昂地奔赴延安，由此揭开了延安电影事业的序幕。这部片子内容丰富，全面反映了延安和边区军民的生活、生产，八路军的抗日斗争，还有中共领导人和八路军将士的精神

延安电影团成员合影

风貌，全面记录了延安军民全面抗战的可歌可泣的事迹。

最初两个月，摄制组在延安拍摄延安军民建设边区、巩固根据地的战斗生活，但是，日军飞机经常骚扰、轰炸延安，拍摄非常困难。有一次，吴印咸和徐肖冰刚刚把摄影机拆开准备修理，防空警报突然响起，紧接着敌机就来了，阵阵巨响中，一颗炸弹就在电影团附近炸开了。房屋的一角被震塌，碎砖断瓦乱飞，吴印咸飞身扑到摄影机上，自己被瓦砾碎石砸得遍体鳞伤，等敌机飞走后一检查，摄影机所有的大小零部件，一件不缺，丝毫无损。周恩来副主席和谭政团长得知此事后，特地前来看望慰问，夸奖他们爱护器材胜于自己的生命。

　　1939年年初，电影团准备前往晋察冀一带拍摄。毛泽东非常重视这次拍摄，特地接见电影团的袁牧之、吴印咸、徐肖冰等。一见面，毛泽东就问大家："你们准备拍什么片子啊？你们的生活怎样啊？"袁牧之等汇报了几个月来的工作情况，并汇报了准备去晋察冀拍摄的计划，也谈到由于敌人的封锁，拍摄用品来源困难。毛泽东说："你们现在是英雄无用武之地，不能发挥你们的才能，将来胜利以后的工作是很多的。现在拍长征就不可能，过几年你们就能拍了。……"毛泽东的话，对电影团是极大的鼓舞和勉励，让他们印象深刻。

　　两天后，电影团出发了，一行人冒着严寒乘小船破冰东渡黄河，然后兵分两路：一路由袁牧之带领，前往晋东南、晋察冀边区；一路由吴印咸带领，前往晋西北、平西（北平以西）妙峰山一带拍摄。他们经常在敌人的队伍间隙穿插，常常一口气要走几十甚至上百里路。1939年年底，袁牧之带着已经拍摄的胶片先回延安，徐肖冰带领几个人继续拍摄。为了拍摄敌后游击队的活动，徐肖冰等人冒着生命危险到敌占区井陉煤矿去拍摄，他们化了装，由游击队通过当地一个维持会长，混过敌人的盘查。在一个炮楼上等候了大半天，才拍到八路军在敌占区铁路边上活动的真实场景，十分惊险。

　　吴印咸一行则是与国际主义战士白求恩朝夕相处了两个多月，一路跟随他从冀西转战冀中，随时跟拍他的工作、战斗与生活。

与白求恩的相处，使他们对白求恩产生了极大的敬意。他们见证了白求恩生命的最后时日，目睹了在与敌人近在咫尺的地方，白求恩冒着枪林弹雨抢救伤员的真实场景，那张著名的白求恩在破庙里抢救伤员的照片，就是吴印咸拍摄的。

1940年，拍摄任务圆满完成，电影团回到延安，共拍摄了几万米胶卷的素材，主题是"天下人心归延安"。拍摄内容强烈、鲜明地反映了人民把抗日战争胜利的希望寄托在共产党、八路军

■ 延伸小百科

朱德保护拍摄资料

1940年2月，李肃、徐肖冰、吴本立一行来到了晋东南太行山区，在八路军总部和一二九师拍摄朱德等高级将领和八路军一二九师在前线的活动和战斗资料。4月初，摄制组接到袁牧之从延安发来的电报，催要在太行地区所拍摄的资料。晋东南摄影组准备派李肃和吴本立先将片子送回去。4月12日，朱德接到中央来电，请他到洛阳见卫立煌后经西安返回延安。朱德决定让李、吴两人随自己一起行动。一路上，朱德非常关心电影团和那些胶片。快到洛阳的时候，鉴于洛阳是国民党占领区，康克清对吴本立说："吴同志，总司令让你把影片放在他的文件箱子里，以防国民党特务强行检查随行人员。放在他的箱子里，特务是不敢检查的，这样就绝对不会失落这部分材料了。"5月17日，朱德一行从洛阳乘火车抵达西安。在朱德和康克清的保护下，李肃、吴本立安全抵达延安，把电影底片交给了袁牧之。

身上，这是一部史诗般的电影纪录片。

由于延安缺乏影片后期制作设备，无法完成后期制作。经研究决定，由袁牧之携带胶片前往苏联进行后期编辑制作。但万万没想到，由于当时苏联正在卫国战争期间，局面动荡，这部片子的大部分素材都在苏联遗失。消息传来，电影团人莫不痛惜。

保留下来的许多素材，在后来中苏合拍的《中国人民的胜利》和《解放了的中国》等影片中反复被使用，产生的影响极为广泛。吴印咸拍摄的有关白求恩工作和生活的宝贵素材，后来被用于《白求恩大夫》这一影片，生动地表现出白求恩对工作极端负责、对同志对人民极端热忱、对技术精益求精。通过影片让我们感受到白求恩"不畏艰苦，甘于奉献，救死扶伤"的医者情怀，"毫不利己，专门利人"的共产主义精神，为了革命牺牲一切的无产阶级伟大精神。

第四部分

万众瞩目清凉山

——活跃的新闻出版事业

1935年10月红军一到陕北，就开始布局宣传工作。1936年春天，上海的英文报纸《字林西报》报道了红军长征的故事，毛泽东要求刚刚派到上海的中央特派员冯雪峰，找记者输送到陕北帮助宣传。于是很快，美国记者埃德加·斯诺到了陕北，毛泽东亲自出面，发动参加过长征的红军将士写长征回忆录，接着又把红军报纸《红色中华》改版为《新中华报》，后来又改成《解放日报》；同时，把红色中华通讯社改编成新华社，又分成新闻通讯社和新华广播电台，紧接着又创办边区政府报纸《边区群众报》，并陆续创办更多党建刊物、文艺刊物、艺术刊物、教育刊物和军队刊物，甚至学术刊物等，完整地建立了整个边区的新闻宣传系统。这些宣传媒体组成了一个立体、高效的宣传网，服务各行各业，面向不同受众，而且各具特色，辐射范围广，传播效果深入人心，让延安的声音传遍国内外。

万里长征的鲜活记录

《二万五千里》

《二万五千里》与斯诺

1935年10月，红军第一方面军长征到达陕北，标志着长征取得了决定性胜利。1936年春，上海英文报纸《字林西报》报道说："这是一部伟大史诗，然而只有这部书被写出后，它才有价值。"当时正在中国工作的美国记者埃德加·斯诺看到了这篇报道，对陕北这片红色热土产生了强烈的兴趣，决心前往延安进行采访。于是他通过鲁迅，联系上中共中央从陕北派到上海的特派员冯雪峰，顺利到达延安。7月上旬，斯诺在保安县，向毛泽东转达了上海《字林西报》的报道。于是，促使了中共中央决定：号召长征亲历者撰写长征记，编成一本书，向海内外宣传红军的伟大创举。

1936年8月5日，毛泽东、杨尚昆联名发出《红军长征记》（以下简称"《长征记》"）一书的征稿函，说："现因进行国际宣传及在国内国外进行大规模的募捐运动，需要出版《长征记》，所以特发起集体创作，各人就自己所经历的战斗、行军、地方及部队工作，择其精彩有趣的写上若干片段。文字只求清通达意，不求钻研深奥，写上一段即是为红军作了募捐宣传，为红军扩大了国际影响。"号召中共中央领导、中央军委还有红军中的中、高级将领都参加编写。这项工作主要由中央军委总政治部宣传部负责。

征稿函受到红军各级干部积极响应。1936年10月底，编委会就收到了200多篇来稿，总字数估计已经超过50万字。参加撰写的人都是参加过长征的，其中主力是一批长征前就从事文化工作的宣传干部，以及具有一定文化基础的红军干部。其中有老资格的延安"五老"中的"四老"——董必武、徐特立、谢觉哉、林伯渠，有原来就做文化宣传工作的李富春、陆定一、舒同、贾拓夫、黄镇、彭加伦等，也有文武双全的指挥员张爱萍、莫文骅、王首道、彭雪枫、刘亚楼、萧华、杨成武、张云逸、周士第、耿飚、熊伯涛、谭政、陈士榘等，还有做其他方面工作的邓颖超、童小鹏等，都撰写了稿件，还有一些基层干部，虽然没有做过文化工作，甚至文化程度很低，但是为了响应党中央的号召，他们边学边写，完成了任务。

稿件写出来，需要有经验的人来做编辑工作。中共中央随即部署组成了编委会，编辑《红军长征记》。经手编辑的人，前后主要有三个人：一是原军委秘书长徐梦秋；二是著名女作家丁玲；三是中央党校教务主任成仿吾，他原来就是著名的文学团体"创造社"的元老。

延安王家坪军委礼堂旧址

　　这三个人都有丰富的编辑经验和很强的文字能力,他们从来稿中选出109篇约30万字作为初稿,然后对其中文字进行技术性编辑加工,到1937年初,编辑工作基本完成。书名改为《二万五千里》。然后找人誊写了好几份,以防丢失,同时准备出版和宣传。就在这时候,中共中央上海联络处副主任冯雪峰从上海回到延安汇报工作。他回上海的时候,就把其中一份带往上海,准备在上海出版，因为上海的出版条件好，与外界联系多，方便发行和宣传。冯雪峰也是一个有丰富编辑经验的著名作家，他再次对书稿进行了加工整理。但是，这时候形势已经发生了重大变化，西安事变爆发，接着国共第二次合作开始，抗日民族统一战线逐步形成，在这个时候如果出版这样的书，可能对统一战线和国共合作带来不利影响，所以就没出版。直到1942年，八路军总政治部根据抄稿，在延安印刷了其中的一部分，改名《红军长征记》，作为内部使用，也没有广泛宣传。

延伸小百科

《二万五千里》书稿是怎样保存下来的

这部书虽然没有出版，但这份手抄的书稿却保存了下来。1937年全民族抗战爆发，冯雪峰离开上海时，将誊抄稿交付好友谢旦如收藏。谢旦如先生一直珍藏着这份抄稿，新中国成立后，谢旦如担任上海鲁迅纪念馆第一任馆长，他把自己收藏的誊抄稿拿出来，入藏了上海鲁迅纪念馆。1954年，《党史资料》丛刊根据1942年在延安出版的《红军长征记》，分三期重新刊发此稿，改名为《中国工农红军第一方面军长征记》。2006年9月，上海人民出版社和上海鲁迅纪念馆影印出版了上海鲁迅纪念馆所藏的《二万五千里》誊抄稿，使这一部极为珍贵的文稿得以向世人展示其原始面貌，并永久流传。

党报发展历程

从《红色中华》到《解放日报》

> **毛泽东评价《新中华报》**
>
> 　　1940年2月7日,《新中华报》刷新版一周年,毛泽东为该报写了社论《强调团结与进步》,一开头就说:"延安《新中华报》,自改为共产党机关报以来,已一年了!这个小型报,依我看,是全国报纸中最好的一个。其主要的原因,一是共产党办的,二是在民主政治下。没有这两个同时具备的条件,要办得这样好,是不可能的。"

　　1931年12月11日,《红色中华》报在江西瑞金创刊,开始是中央工农民主政府机关报,从第50期开始改为中国共产党、中央工农民主政府、中华全国总工会和中国共产主义青年团合办的中央机关报。1934年10月红军开始长征,《红色中华》报不得不停刊。1935年红军长征到达陕北,11月25日重新出刊。

　　1936年12月西安事变后,国共第二次合作开始,抗日民族统一战线建成，所以 1937 年 1 月 29 日《红色中华》改为《新中华报》。它的期号是第 325 期。

《新中华报》是中华苏维埃共和国中央政府机关报，到 8 月 29 日，暂停了 10 天，9 月 9 日重新出版，从原来的油印改为铅印，并改为陕甘宁边区政府机关报。1938 年 12 月 25 日《新中华报》因为再次改版又暂停了一个多月。到 1939 年 2 月 7 日《新中华报》（刷新版）重新出刊，期号为"刷新第一号"，并由原来的五日刊改为三日刊。

《新中华报》再次改版后，由原创造社社员李初梨任主编，报纸办得越来越好，成为边区最有影响力的报纸。刷新版一周年的时候，毛泽东特地为该报写了一篇社论《强调团结与进步》，即本篇开头的一段话。

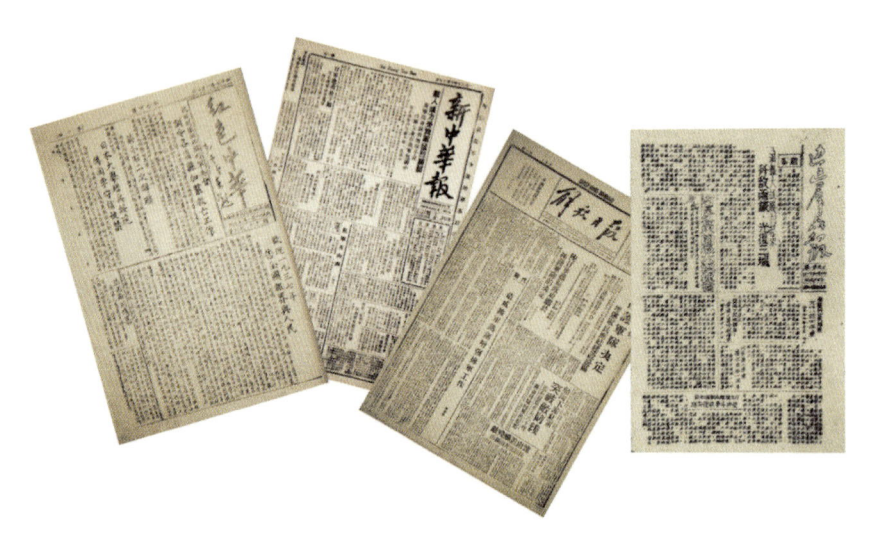

延安时期的报刊：《红色中华》《新中华报》《解放日报》《边区群众报》

该报宣传党的抗日民族统一战线策略，揭露国民党顽固派的投降反共阴谋，介绍陕甘宁边区抗日救亡运动和经济、文化事业发展的状况，辟有社论、专论、短评、三日国际、三日战况、国内要闻、各县短讯等栏目，内容丰富，信息及时，所以毛泽东说它是全国办得最好的报纸。

1941年5月15日，《新中华报》停刊。第二天，《解放日报》创刊。虽然组织机构上只是《新中华报》和另一份新华社编发的《今日新闻》合并，但这是中共中央在新形势下的一个新的战略决策，延安需要有一份更大规模、更高层级的大型日报。

"坚持抗战，坚持统一战线，坚持持久战，最后胜利必将是中国的。"1938年，毛泽东为延安《解放》周刊纪念抗战一周年、中国共产党成立十七周年专刊题词。

毛泽东对报纸的重视程度，是有目共睹的。这次《解放日报》

中共中央西北局会议室旧址

创刊，他专门为中共中央书记处起草了一份创办《解放日报》的通知，要求宣传单位都归口到中央党报委员会领导，他本人亲自主持工作。他要求："一切党的政策，将经过《解放日报》与全国宣达。《解放日报》的社论，将由中央同志及重要干部执笔。各地应注意接收延安的广播。重要文章除报纸刊物上转载外，应作为党内、学校内、机关部队内的讨论与教育材料，并推广收报机，使各地都能接收，以广宣传，是为至要。"方方面面考虑得非常细致、周到。

从1942年9月起，《解放日报》作为中共中央西北局的机关报。1943年3月，中央《关于中央机构调整及精简的决定》确定，《解放日报》归政治局、书记处之下的宣传委员会（书记毛泽东）统一管理。党中央对党报给以坚强有力的领导，报纸每一阶段的

延安枣园毛泽东旧居

延安小史料

《解放日报》的历程

1946年，内战爆发，国民党胡宗南部疯狂进攻延安，中共中央决定撤离延安，转战陕北。1946年11月起，《解放日报》开始疏散工作。1947年3月中央撤离延安后，该报曾在史家畔一带坚持出版了短暂时间，3月27日终刊。1949年4月24日，中共中央决定把《解放日报》的报名交给上海，作为中共中央华东局机关报和中共上海市委机关报。1949年5月28日，上海解放第二天，《解放日报》开始在上海出刊。

宣传方针，都由中央讨论决定。

毛泽东亲自动手起草《〈解放日报〉第四版征稿办法》，直接提名各领域的作者来参加写稿，然后，毛泽东特地在枣园摆下两桌酒席，宴请这16位撰稿人。

说是宴请，其实也是布置任务。毛泽东先宣读了《〈解放日报〉第四版征稿办法》，要求大家供稿，还规定了字数等指标，再三叮嘱大家："办好党报，党内同志人人有责，责无旁贷。我想诸位专家、学者必然乐于为第四版负责……当仁不让、有求必应、全力以赴，取之不尽、用之不竭……"毛泽东的话，让大家深感责任重大。此后，《解放日报》的稿源大大扩充，办得越来越好。

万众瞩目清凉山
延安新闻机构云集之地

万众瞩目清凉山

1945年4月，中共七大在延安开幕，陈毅将军赋诗一首："百年积弱叹华夏，八载干戈仗延安。试问九州谁做主，万众瞩目清凉山。"

清凉山是延安一座很有神秘色彩的山，山不高，海拔只有100多米，也不大，方圆约4千米，但是地势陡峻，就矗立在延安城东北的延河北岸，跟凤凰山、宝塔山三足鼎立。清凉山历史悠久，名胜古迹举不胜数。最出名也最神奇的是万佛洞，早在隋朝以前就有了，洞里四壁和石柱上雕凿的石佛形态各异，竟达1万尊。山上还有古寺庙、摩崖石刻和各种古迹。

在抗战时期，小小的清凉山成了新闻机构云集的地方。中央党报委员会、新华社、解放日报社、大众读物社（《边区群众报》）、新华广播电台、中央出版发行部、纸币厂、中央印刷厂等都在清凉山上。中央印刷厂的印刷车间在万佛洞的1号洞里，那时候日军飞机常常来袭扰延安，万佛洞也很安全。

新华社和解放日报社无疑是清凉山上两个重要的文化宣传机构。

新华社的前身是1931年成立于瑞金中央苏区的红色中华通讯社，简称"红中社"，它同时还承担着《红色中华》报的编辑出版任务。1937年1月，红中社随中共中央由保安迁到延安，同时改名为新华通讯社，简称"新华社"。原来该社编辑的《红色中华》报也随即改为《新中华报》，期号也延续《红色中华》报的期号。

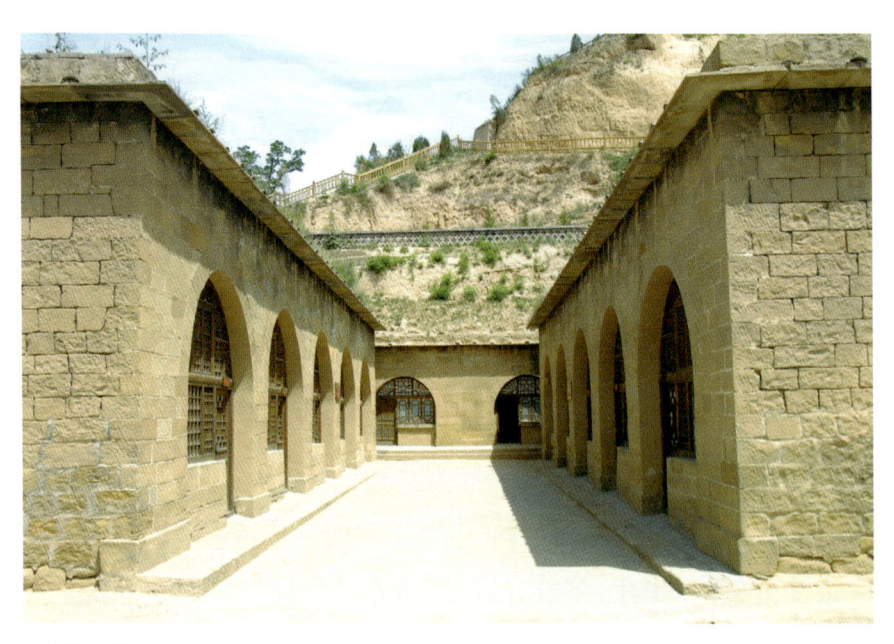

新华社旧址

中央印刷厂工人在清凉山万佛洞印刷《解放日报》

1939年，新华社和《新中华报》各自独立，新华社进入了快速发展时期。从刚到延安时的几个人，发展到抗战后期的100多人，各地分社有20多个。每天发稿的字数，也从2000多字增加到1万多字。还增加了英语、日语广播，为向国内外传播来自延安的声音，发挥了巨大作用。新华社可说是中共中央和陕甘宁边区最重要的喉舌，它的传播速度快、传播距离远。

1941年5月16日《解放日报》创刊，进而成为中共最重要的宣传媒体。

新华广播电台，也是中央人民广播电台的前身，是另一个从新华社派生出来的机构。新华广播电台的设施非常简陋，无线电器材严重缺乏，导致播音时断时续。新华广播电台的播音室虽然在王皮湾，但是编辑部却是在清凉山。每天，编辑们要在清凉山的编辑部收集信息、编写广播稿，天亮后就要跑到老远的播音室去播音。1943年春暂停播音。直到1945年8月中旬又重新开始播音。第一天播出的是朱德总司令向各解放区武装部队发布的关于受降和对日展开全面反攻的命令。

延安小课堂

中央党报委员会

1937年，中央党报委员会在陕北成立，由张闻天直接负责，主要是管理"红中社"（包括《红色中华》报）、中央理论刊物《斗争》《党的工作》等宣传部门。1937年1月，中央党报委员会入驻延安，职能主要是编辑出版《解放》周刊，管理新华社和《新中华报》，还有编辑出版马列著作和革命理论著作。初期会址在城内天主教堂对面院内，1937年全民族抗战爆发后，搬迁到清凉山上。当时中央党报委员会编辑出版的很多书籍，对外用的名称是"解放社"，一些社科方面的书则用"新华书店"。党报委员会下设资料科、发行科和印刷厂。从这里可以看到，中央党报委员会是清凉山上层级最高、最重要的宣传机构。

群众喜闻乐见的报纸
《边区群众报》

陕甘宁边区的谜语

陕甘宁边区有个谜语:"有个好朋友,没脚就会走。七天来一次,来了不停口。说东又说西,肚里样样有。交上这朋友,走在人前头。"谜底:《边区群众报》。

抗战时期,在延安有一份报纸非常特别:它用的文字非常简单,都是最通俗的常用字,内容都是最贴近老百姓的人物事迹,所以边区群众非常喜欢这份报纸。这份报纸的创办人,是著名的原左联组织部部长、鲁迅身边的作家周文,1940年2月,他步行3000余里,到达延安。

不久,周文在延河边散步,巧遇毛泽东,这是两人初次见面,谈得十分投缘。之后,周文应邀到毛泽东住处谈话。周文汇报了在上海开展左翼文艺运动和文艺大众化等活动的情况,毛泽东对周文说的文艺大众化情况特别感兴趣,就鼓励他继续在文艺大众化方面开辟一个新的阵地，还建议周文来办一个"大众读物社"，创办一张通俗化报纸，编辑一些大众化的小册子，让大众能够读懂。毛泽东还提议，这张通俗化报纸就叫《边区群众报》。周文喜出望外地接受了毛泽东的建议，而毛泽东也立即通知边区党委和中宣部，让他们支持配合，还通知中组部立即为大众读物社选定社址，筹集经费，调集干部。3月12日，大众读物社在延安杨家岭山坡上的窑洞里成立。

《边区群众报》

大众读物社的主要工作：一是编辑《边区群众报》，二是建立通讯员网络，三是编辑丛书。首先是编好《边区群众报》。这张报纸的目标是要群众"看得懂，说得出，听得惯，写得来"。他鼓励每个成员学习陕北方言，还要学习民间音乐、民歌。他规定，每天报纸编好后，都要把当地人招呼在一起，包括炊事员、勤务员，给他们先读一遍，听不懂的就马上更改，有什么好的土话就吸收。所以，一篇稿子从初稿到刊登，往往是大段大段地改，甚至整篇重新写。周文一再跟大家说，不做这种细致的工作，就只是"说大众化"，不是"干大众化"。报纸出了一年后，大众读物社的编辑们把几十期《边区群众报》上所用的字，作了一个很详细的统计，报上常用的字大约是400个，就是说，凡是认识400个字的人，就能读懂群众报。

在《边区群众报》编辑部的不懈努力下，这份报纸订数越来越多，很快超过1万份，还有很多人要求报纸扩大版面，可以容纳更多内容。该报的影响力日益扩大，报纸也很快从油印改为铅印，版面效果更加清晰了。陕甘宁边区中央局明确把该报认定为边区党委的机关报，1941年5月，陕甘宁边区中央局改为西北中央局，该报又成为中共西北局机关报。

《边区群众报》被定为边区党的机关报后，宣传党的方针政策的任务加重，怎样继续保持大众化、通俗化的特色呢？周文要求编辑部大胆采用"改编文件"的办法，就是尽可能用简单明了、通俗易懂的语言，甚至陕北的土话，来改写党的文件和领导讲话。这个大胆的创举虽然有些风险，也增加了编辑的工作量和工作难度，但是效果却是出奇地好，让群众清楚地了解了党的决定和领导的讲话内容，所以逐渐就有了开篇的谜语。

有人担心周文会因此事犯错误，但中央和边区领导都很认同。1940年11月，毛泽东给周文写了一封短信，这样说：

> 周文同志：《群众报》及《大众习作》第二期都看了，你的工作是有意义有成绩的，我们都非常高兴。《大众习作》封面写得不好，请改换一个如何？
>
> 敬礼！
>
> 毛泽东
> 十一月卅日

1941年4月，周文调离大众读物社，但之后该报一直保持着生动活泼、通俗易懂的办报风格。1946年3月24日，毛泽东在《边区群众报》创刊6周年的时候，为该报题词："希望读者多利用报纸，推动工作，学习文化。"

延安小课堂

习仲勋评《边区群众报》

1946年3月，中共西北局书记习仲勋写了《庆贺〈边区群众报〉六周年》，其中说：

《边区群众报》出满三百期了，值得大大庆贺！

这个报纸是陕甘宁边区群众公认的好报纸，谁也喜欢它，谁也爱护它。为什么好？它不但容易读容易懂，并且说出了边区群众要说的话，讲出了边区群众要知道的事情。这就是为群众服务，当得起"群众报"这个光荣的称号。

……

报纸是什么？是一种工具。边区干部一定要明白，《边区群众报》是指导工作的工具，是干部学习的工具。有些干部说：我们曾经不知道要做些什么，或者不知道怎么样去做，看罢《边区群众报》才知道的。我方干部进入和平建设时期，要学会更多的本领，新的更多的指示。从哪里学来？《边区群众报》是很好的一个学校。

大家爱护《边区群众报》，大家替《边区群众报》写稿，继续把《边区群众报》办得更好，更好。

革命时期的重大发明

马兰草纸诞生记

一张最普通的纸都是奢侈品

> 哪怕一张最普通的纸都是最奢侈的东西……在纸张最困难时，有些单位用桦树皮记笔记、出墙报，甚至连医生开处方也用桦树皮。
>
> ——美国记者海伦·斯诺《续西行漫记》

延安时期出版的书籍、报刊，常常用一种很特别的纸。这种纸色泽微黄，厚薄均匀，表面略感粗糙，但是韧性较强，特别适于钢笔书写。这种纸现在已经看不到了。它就是马兰草纸，简称马兰纸。是当年延安很受欢迎的纸。

1937年1月，中共中央进驻延安，延安开始进入了一个辉煌的时期。伴随着边区各方面工作的蓬勃开展，各种文化设施建设、文化教育活动展开，延安的纸张出现了极度紧张的状况。边区政府早就看到这个问题，1937年，边区建设厅与一个有手工造纸技

振华造纸厂工人在工作

术的地主李双全合作,在甘谷驿开办了一个小造纸作坊,用传统手工技术造纸,产量不高。后来扩大生产规模,成立了振华造纸厂,1939年搬到安塞沟槽渠。但因缺乏造纸用的原料,产量无法提高。

抗战时期,由于造纸的原料亚麻紧缺,导致延安纸张很紧张。1939年11月,延安自然科学院化学教员华寿俊被派到振华造纸厂担任技术指导。这个厂的厂长刘咸一曾在德国学习化工,他们俩和厂里的技术人员一起,展开造纸技术攻关,主要目的是用其他材料来替代亚麻。他们先后试验过用高粱秆、麦秸、糠秸、蒲草等来做造纸原料,但都失败了。虽然用稻草、杨木造纸可以实现,但边区没有这么多稻草和杨木。试验陷入了困境。

这时,善于动脑筋的华寿俊忽然想起延安的一种到处可见的野草——马兰草。这种草在陕北荒原的沟壑里到处可见，尤其是低洼湿润的地方。这种草很有韧性，老百姓常用来搓草绳、捆粽子、烧锅等。华寿俊想起，不久前他参加开荒生产劳动时，对马兰草总是很头疼，因为它的根须发达，要锄掉它，比处理荆棘还费劲。他想，这种草，到处都是，拿来造纸或许是个好材料！于是去割

延安小课堂

红色发明家华寿俊

华寿俊，1937年到延安，除了发明马兰草纸，还有多项重大科技发明。当时边区因遭到国民党经济围困，食盐十分紧张。华寿俊发现，陕北的盐储藏量其实十分丰富，而且也能出产盐，但这种苦盐不能食用，因为含碱量和其他矿物质太多。华寿俊对陕北的盐进行了化学分析，研究出了矿物质分离的工艺，使"苦盐"一跃而变为优质盐。从此，边区不但可以自给，而且大量出口。作为贸易物资，为边区财政带来大量收入。光是盐的收入，就占到边区财政收入的70%。

马兰草纸试验成功后，朱总司令很高兴，把华寿俊请到家里予以勉励，同时希望他再牵头攻关，解决部队急需解决的三个问题：军队压缩食品问题、军火制作问题和改造军装问题。之后，华寿俊改进火柴、肥皂、挂面、糖等军需物品的制作工艺，解决军粮问题；研制出用银取代汞的方法，解决军火问题；用槐树叶和植物种子等原料配制出黄、红、蓝等近十种染料，在抗战胜利后，让部队及时换上解放军的黄色军装。圆满完成了朱总司令的嘱托。

了一大捆马兰草回来做试验。

　　他们尝试了各种方法，反复试验，不断探索，最后终于成功了。具体步骤是：先把马兰草洗净晒干，用石灰水浸泡一两天。然后切成一寸左右长短，放进大锅里，用石灰水和土碱慢火煮半天到一天，然后放在碾槽里打成纸浆，把杂质过滤掉，再把纸浆倒进捞纸池中搅拌均匀，然后捞出来放在竹帘上晾干，就是湿纸

中央印刷厂旧址

了。再把湿纸进行整理压光，一张马兰纸就这样制造成了。人们发现，马兰纸质地坚韧、均匀，适宜印刷，不易损坏，不会起毛，便于钢笔书写。而马兰草是一种多年生植物，越割，长得越快，可说取之不尽，而且容易处理。造麻纸要好几天，造马兰纸只要一两天。再说价格便宜，一斤麻当时要一两元，而马兰草只要付三分钱的割草人工费就可以。如果用碳酸钠蒸煮，还可以生产出吸水纸、绘图纸、滤纸、包装纸等品种，是物美价廉的造纸好原料。

中央印刷厂工人在排字

　　随着马兰纸的制造成功，边区的大批报纸、文化单位、学校不再为没有纸张而犯愁了。1939年12月8日，《新中华报》刊登了一篇报道《马兰草——一位青年化学家发明的故事》，报道了华寿俊发明马兰草纸的事迹，称赞道："青年化学家的尝试成功了，边区漫山遍野的马兰草，变成丰富的造纸原料，现在已用了10万斤马兰草造成20万张纸张，印成各种书报刊物，边区的新闻事业，获得极大的帮助。"过去造麻纸，每月只能生产500刀，现在可以生产2000刀，并宣布："最近要扩大纸厂，实现每月产25万张纸的计划。"这时，马兰纸诞生还不到一个月。华寿俊等人精益求精，不断改进造纸技术，他们用钢丝帘代替竹帘，用火墙烘代替自然晾，大幅度提高了生产效率和纸张质量。到1942年，边区已经建成12座造纸厂，基本上满足了边区新闻出版、文化学习以及工作用纸。

边区造出马兰纸，引起了不小的轰动。令人头疼的遍地都是的杂草，竟然可以变废为宝，而且解决了延安最急需的紧缺物资。老百姓也非常高兴，花点力气割草就可以换钱，纷纷主动为纸厂割草。1942年，朱德总司令在《游南泥湾》诗中写道："农场牛羊肥，马兰草纸俏。"边区高等法院院长谢觉哉也写道："马兰纸虽粗，印出马列篇。清凉万佛洞，印刷很安全。"

马兰纸的试验成功，可说是个重大发明，为边区建设做出了重大贡献。华寿俊受到了多种嘉奖，1940年被陕甘宁边区政府授予"劳动英雄"称号；1944年又在陕甘宁边区职工代表大会上被评为"甲等劳动英雄"。毛主席亲自为华寿俊颁奖，还奖励他一件羊皮大衣，让他非常感动。

第五部分

为了同一个目标

——国际友人来访

在红军队伍中,一直都有外国友人的身影,他们为中国革命事业做出了自己的贡献,有的还担当军事顾问等。在红军到达陕北、进驻延安之后,这些外国友人对延安的报道,在中国民众中产生了广泛而深刻的影响。要说当时对国际社会影响最大的,当属斯诺的《西行漫记》和史沫特莱的报道,他们的报道直接为共产党和八路军的抗战带来了物资和人力资源。世界学联对中国抗战真相的报告,在世界范围内产生了很大影响,为中国赢得了很多舆论的支持,而美军观察组则在抗战后期对美国政府的对华政策产生了重要的影响。

"我热爱中国"
斯诺让延安不再遥远

鲁迅对埃德加·斯诺的评价

1936年,鲁迅先生在上海跟人说:"有几个外国人之爱中国,是远胜于我们的同胞的。"他所指的外国人中,就包括美国记者埃德加·斯诺(Edgar Snow,1905年7月11日—1972年2月15日)。

1936年6月上旬斯诺从北平来到西安,通过西安红军联络处的安排,和另一位外国友人马海德一起,于7月13日到达当时红军总部和中共中央所在地保安县。斯诺成为第一个在西北红色政权区域进行采访的西方记者。

1936年7月13日,斯诺第一次见到了毛泽东。7月15日,他们进行了长谈,之后斯诺多次采访毛泽东,甚至彻夜长谈。他们的话题非常广泛,不仅谈到中共的对日战争战略战术,对战争前景的预测,对红军和国民党军队的关系等问题,也谈到像谜一样让世界惊叹的二万五千里长征,还谈论当时世界的政治形势,

1939年10月，毛泽东（右）会见重访延安的美国记者斯诺（左）

谈论美国和罗斯福的外交政策，甚至谈到毛泽东自己的身世和经历，这些访谈让斯诺了解了一个完全不同于外界传说的毛泽东，这就是后来斯诺发表的《毛泽东自传》的资料来源。

　　斯诺在陕北根据地对红军进行了大量采访，中共中央给予他一切便利。他采访了多位中共和红军领导人，参加了当地的很多活动，包括军民大会，他看红军剧社的演出，还参观了红军大学，甚至采访了当地农民。斯诺还跟随红军部队，到红军西征前线采访。斯诺在陕北的采访经历，让他感觉是到了一个神奇的国度，到处都有让他惊奇的人和事，总能让他感动和敬佩。他看到，这是一个能够给中国带来新的希望的群体，这是一片他在中国从未见过的土地，里面充满了阳光和力量。他由衷地赞叹："这是一支神奇的队伍，上帝也征服不了。"

1936年10月20日，斯诺带着采访中得到的大量珍贵资料和拍摄的照片，离开保安，经西安回到北平，开始了《红星照耀中国》一书的写作，同时开始向国际媒体大量报道中国共产党和陕北的真实状况，引起国际社会强烈的反响。1937年10月，《红星照耀中国》由英国伦敦戈兰茨公司出版，到11月就已经发行到第5版。几乎在同时，上海进步社团复社组织翻译出版了这本书，用《西行漫记》中文名正式出版。这本书生动真实地报道了中国共产党、工农红军和根据地人民的精神面貌和为抗战做出的艰苦卓绝的努力，在全中国乃至世界上产生了巨大的影响。

　　继斯诺之后，外国记者接踵而来，先是艾格尼斯·史沫特莱，接着是斯诺夫人海伦·斯诺，然后是更多外国记者和国统区记者来访。原来被国民党封锁得严严实实的陕北根据地和红军的真实状况，终于再也不能被遮蔽，人们开始了解中国共产党的抗战主张和奋斗精神以及正确方针，并为之所折服。斯诺用无可辩驳的事实和切实可靠的行动证明，使延安在全国人民心中不再遥远。

　　埃德加·斯诺这位对中国人民充满友好情感、对中国革命充满同情的美国记者，中国人民永远不会忘记。1938年，毛泽东曾对一位德国记者说："当其他人谁也不来的时候，斯诺到这里调查我们的情况，并帮助我们把事实公诸于世……我们将永远记得他曾为中国做过一件巨大的工作。他是为建立友好关系铺平道路的第一个人。"

延伸小百科

美国记者埃德加·斯诺的中国缘

埃德加·斯诺，生于美国堪萨斯城。大学毕业后在当地担任《星报》和纽约《太阳报》记者，1928年来到上海后长期在中国活动。1936年第一次访问陕北后，1939年再次访问陕北，在延安他和毛泽东进行了多次长谈，这些谈话后来在《密勒氏评论报》上发表了。1941年皖南事变后，他做了如实报道后，遭到国民党当局迫害，被迫离开中国。1942年他又到中国，但此后他来中国越来越困难，美国联邦调查局把他看作危险分子，他被迫移居瑞士，并被禁止到中国。1960年，中国政府特别签证，他第一次访问了新中国。之后又于1964年再次来访。1970年8月第三次访问新中国。1972年2月15日，尼克松访华前6天，斯诺与世长辞。斯诺在遗言中写道："我热爱中国，希望死后我的一部分仍像生前一样能留在中国。"

埃德加·斯诺在保安

大地的女儿
史沫特莱在延安

女记者史沫特莱

艾格尼丝·史沫特莱（Agnes Smedley，1890—1950），出生于美国密苏里州的奥斯古德镇，早年当过侍女、烟厂工人和书刊推销员，曾在《纽约呼声报》任职。她因声援印度独立运动而被捕入狱，后侨居柏林。著有自传体长篇小说《大地的女儿》。1929年初，史沫特莱作为德国《法兰克福日报》记者，从苏联来到中国，真实报道了日本侵略军在东北的所做所为。1936年，史沫特莱看到关于长征的报道后，渴望到陕北采访红军。在中共上海联络处的安排下，于10月到达西安，12月报道了西安事变。

1937年1月初，史沫特莱正式接到通知前往延安。中共中央对她的来访很重视，派左权、彭德怀和贺龙分别沿途接待，进延安前女作家丁玲前来迎接。一到延安，毛泽东和朱德就接见了她。第二天又召开欢迎大会，毛泽东亲自出席并讲话，礼遇极高。之后，史沫特莱多次采访毛泽东、朱德、周恩来和彭德怀等中共中央领

1937年5月，美国作家史沫特莱（中）在延安

导人，她的手提式打字机每天响到深夜。在延安的日子，每天都使她兴奋，她对毛泽东这样评价："每个人都可以与古今中外社会历史人物相提并论，但无人能比得上毛泽东。他的著作已经成为中国革命思想中的里程碑。"她评价周恩来："这是一位学识渊博，阅历深广，见解精辟，襟怀坦白，不存门户之见，毫不计较个人的安福尊荣、权力地位的卓越领导人。"她接触、采访最多的人，是八路军总司令朱德，并得到朱德同意，撰写朱德传记。由于她不断报道朱德，美国报纸说"她背后有庞大的军队""美国姑娘，赤色危险人物"等。

史沫特莱到延安的时候，中共中央刚刚进驻延安，条件非常艰苦。但史沫特莱热情高涨，延安使她看到了中国的希望和前途。她除了作为记者，正面报道延安和八路军，争取国际组织援助外，当看到边区缺医少药、卫生条件极差时，还为此奔走呼吁。后来加拿大医生白求恩、印度援华医疗队柯棣华等人到延安参加中国抗战，都是史沫特莱积极呼吁、联络、安排的结果。她还积极介绍许多记者朋友采访延安，让更多人了解延安。史沫特莱热情豪放，她努力扩展延安窑洞图书馆外文书籍，热情倡导交谊舞，主张计划生育，甚至倡导灭鼠，虽然有人看不惯甚至讥笑她，她却毫不在意。她给延安带来一股清新的空气。

史沫特莱非常热爱八路军和中国共产党，她强烈要求加入中国共产党。毛泽东、朱德、周恩来告诉她，她应该留在党外，有利于在各地和国外开展工作，发挥更大的作用。但她却因此伤心，放声大哭起来，怎么劝都不能缓解，过了很久，她才逐渐明白毛泽东、朱德和周恩来决定的深意。

1937年7月全民族抗战爆发后，国共合作，8月集中于陕甘宁地区的红军主力改编为八路军，开赴华北前线抗击日本侵略者。史沫特莱毫不犹豫要求上前线，但不慎从马背上摔下受伤。10月伤好了以后，就带着打字机、照相机和简单的行李，奔赴抗日前线采访，到达五台山的八路军总司令部，成为八路军第一个随军外国记者。她深深地爱上了八路军并动情地说："离开你们，就是要我去死,或者等于去死。"后来，她把在前线所见所闻写成了《中国在反击》一书。

离开延安后，史沫特莱继续为中国抗战进行报道。

1941年9月史沫特莱因病回到美国，但仍然为中国募集救济战争灾难的捐款，到处讲演，撰写文章。她还写了《中国的战歌》《伟大的道路——朱德的生平与时代》。这些书在美国政府制定对华政策中产生了积极影响。

延伸小百科

渴望回到中国的史沫特莱

史沫特莱晚年一心想成为中国公民。1945年，中国抗战胜利，史沫特莱立即准备重返中国，但因美国政府不发给她护照，无法成行。1949年中华人民共和国成立，史沫特莱欣喜若狂，不顾自己重病在身，决定通过已经承认新中国的英国重回中国。她一边等待签证，一边修订《伟大的道路》一书。她经常参加中国留学生的活动，她对一个中国留学生说："不知道你们的大使什么时候来伦敦？一旦他来伦敦，我将申请成为中国公民。倘若有一天我能成为中国籍的公民，将是我一生最大的荣耀。"在临终前，她写信给友人说："如果中国大使来到了，如果能为我的遗体唱一首歌，中国的国歌……'起来'，我将不胜感激。由于我的心灵在这个世界上除了中国任何地方都未能找到安宁，我希望我的骨灰能和死去的中国革命者同在。"1950年5月6日史沫特莱在英国伦敦病逝，1951年她的骨灰被安放在北京八宝山革命公墓。

"毫不利己，专门利人"
国际共产主义战士白求恩

《纪念白求恩》

1939年11月12日，诺尔曼·白求恩因医治伤员中毒，逝世于河北的唐县。噩耗传来，整个延安都震动了。战争年代，有很多人牺牲，但是白求恩的牺牲，却让人特别心痛。毛泽东特地写了《纪念白求恩》一文，对他作出了很高的评价：

"一个外国人，毫无利己的动机，把中国人民的解放事业当作他自己的事业，这是什么精神？这是国际主义的精神，这是共产主义的精神，每一个中国共产党员都要学习这种精神。……白求恩同志毫不利己专门利人的精神，表现在他对工作的极端的负责任，对同志对人民的极端的热忱。每个共产党员都要学习他。"

诺尔曼·白求恩（Norman Bethune，1890—1939），加拿大著名医生、共产党员。1936年他曾赴西班牙前线参加反法西斯战争。1937年中国全国抗日战争爆发，12月他前往纽约向国际援华委员会报名，请求组建一个医疗队到中国北部和游击队一同工作。1938

年1月启程，3月底到延安，4月转赴晋察冀边区，在战争前沿工作。

白求恩到达延安的第二天，毛泽东接见了他。当时八路军卫生部顾问马海德医生热情地陪同白求恩视察了延安的医院和卫生学校，真诚地对白求恩表示，延安需要他，希望他能留在延安。没想到，白求恩突然发火了，大声提出抗议，坚决要求去前线。他说："我不是为生活享受而来的。什么热咖啡、嫩牛肉、软绵的钢丝床，这些东西我早就有了！但为了理想，我都抛弃了！需要特别照顾的是伤员，而不是我。"后来，他缓和了口气说："我为我的鲁莽向你们道歉，但你们也要向拄着拐杖的伤员道歉！"

面对倔强的白求恩，卫生部只好报请中央批准，同意他去前线。毛泽东特地跟白求恩进行了一次长谈。白求恩从贴身的口袋里掏出党证，郑重地交给毛泽东。毛泽东知道，这不仅仅是一个共产党员的证明书，而且是一位伟人的国际主义战士火热的心！他郑重地双手接过党证，重重地点了点头。白求恩提出，医疗队务必到前线去，到战壕附近去。因为根据他在西班牙战场上的经验，如果能在战场上立即给伤员们治疗，百分之七十五的伤员能得到及时抢救。毛泽东一面听，一面点头，对他这种无私的国际主义精神和尽可能贴近前线的医疗思想，非常赞赏。

1939年2月，白求恩率领18人组成的"东征医疗队"，前往冀中前线救治伤员，在4个月里，行程1500余里，做手术315次。他不顾敌军炮火威胁，在火线下建立野战医院，在前线建立了13个手术室和包扎所，在破庙里搭起手术台，救治了1000多名伤员。

1938年5月,白求恩率援华医疗队从陕甘宁边区东渡黄河奔赴抗日前线

有一次连续工作69小时,给115名伤员做了手术。他和医疗队冒着生命危险到老百姓家里去为分散的伤员做手术。他倡议成立了志愿输血队。有一次,一个伤员急需输血,他主动献血300毫升。他还在木匠的协助下,设计了一个专门用于毛驴的药驮子,他幽默地给它起名"卢沟桥",从此,"卢沟桥"的名字传遍了晋察冀前线。

1938年7月初,白求恩参加军区卫生机关的组织领导工作。他提议开设卫生材料厂,以帮助解决药品不足的问题;他又创办了卫生学校,培养医务干部;他还编写了很多战地医疗教材,并

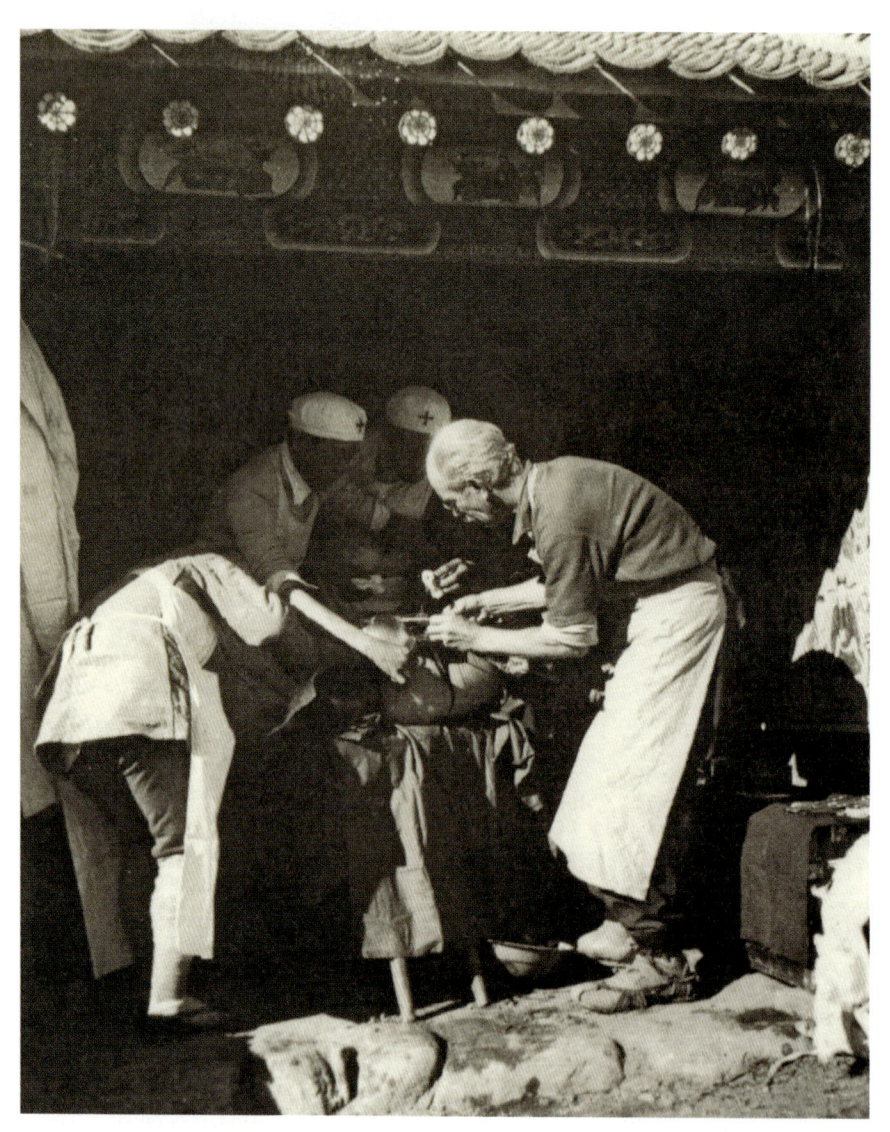

1939年4月，齐会歼灭战激烈进行中，白求恩医生在炮火中为八路军伤员做手术

且向军区卫生学校捐赠自己用的一套医疗手术器械和一批药品。

1939年10月，白求恩准备回国一次，为中国运送药品和医疗器械。但是，临走前，他又犹豫了。因为马上又有一场战斗来临，他想等这一仗打完再走，没想到，他再也不能回到故乡了！10月下旬，涞源县摩天岭战斗打响，白求恩抢救伤员时，左手中指被手术刀割破，他没有吱声，坚持工作。不幸的是，后来在给一个外科传染病伤员做手术时，伤口受了感染。他不顾伤痛，仍坚持去前线。他说："你们不要拿我当古董，要拿我当一挺机关枪使用。"11月上旬，伤势恶化，转为败血症，医治无效，11月12日凌晨，白求恩在河北省唐县黄石口村逝世。

白求恩的牺牲，令中共中央震惊。延安立即成立追悼白求恩大夫筹备委员会，由滕代远、饶正锡、马海德等8人组成。11月17日，晋察冀边区为白求恩举行了隆重的葬礼，21日举行了追悼大会。中共中央向大会发来唁电。11月23日，中国共产党中央委员会、八路军总司令朱德、副总司令彭德怀向白求恩的家属发了慰问电。12月1日，延安各界举行了追悼白求恩大夫的群众大会。大会也向白求恩的家属发了慰问电，王稼祥和陈云等中央领导同志到会讲话。毛泽东给大会题了挽词，亲笔写了"学习白求恩的国际精神，学习他的牺牲精神、责任心与工作热忱"，12月21日，毛泽东写下了今天中国人家喻户晓的名篇《纪念白求恩》。

延安小课堂

印度援华医疗组在延安

1937年11月八路军总司令朱德在宋庆龄和史沫特莱的建议下，致信印度国大党主席尼赫鲁，希望援助医疗物资和医生，尼赫鲁立即召开国大党会议并决定向中国派遣医疗队。尼赫鲁亲自从许多报名者中选出爱德尔（队长）、卓尔克（副队长）及队员木克吉、柯棣尼斯、巴苏。他们在中国用的名字，后面大都有"华"字。

1939年2月12日，医疗队到达延安，八路军举行了隆重的欢迎盛会，毛泽东等中央领导出席。3月15日，毛泽东会见了医疗队。随后五位医生就到各医疗机关工作。后来，爱德华、柯棣华、巴苏华奔赴山西武乡县八路军总部，另外两位先期回国。

爱德华等3人在八路军医院，除诊病外，还经常召开医务座谈会介绍经验，并满腔热情地指导和帮助八路军扩建模范医院。1941年11月，柯棣华和白求恩卫生学校教员郭庆兰结婚，被称为"中国女婿"。婚后两人生有一子，名叫柯印华。1942年12月9日，柯棣华因病抢救无效逝世，年仅32岁。晋察冀军区为柯棣华举行了隆重的追悼大会，毛泽东在挽词中说："印度友人柯棣华大夫，远道来华，援助抗日，在延安华北工作五年之久，医治伤员，积劳成疾，全军失一臂助，民族失一友人，柯棣华大夫的国际主义精神是我们永远不应该忘记的。"

国际组织来访

世界学联代表团访问抗大

我们表示十二万分的谢意！

在延安欢迎世界学联代表团会上，毛泽东说："世界学联对我国的衷心援助，我们表示十二万分的谢意！抗战虽然要自力更生，但也需要国际援助。因为日本有侵略朋友，侵略者结成了统一战线，在世界上造成了灾难。我们也要与世界人民团结，战胜法西斯。"

1938年5月，中国学生联合会向世界学生联合会代表团发出邀请，请他们来中国考察中国的抗日情况并予以支持。世界学联由秘书长、英国剑桥大学的柯乐满（James Klugmann）为团长，加拿大人雷克难（Neil Morrison）、英国牛津大学傅路德（Benard Floud）、美国女学生莫莉·雅德（Molly Yard）共四人组成代表团。他们四人都是世界著名的学生领袖，反对侵略，支持中国革命和抗日战争。

1938年7月1日，延安鲁迅艺术学院师生欢迎世界学联代表

1938年7月1日，延安为代表团举行了盛大的欢迎会，到会的有1万多人。柯乐满在欢迎会上致辞，说："我们看到中国许多青年都团结起来了，并英勇地参加了为民族解放事业的斗争。全世界青年也团结起来了，募集了几十万、几百万现金捐给中国，美、英、印学生领导抵制日货，30多个国家的学生要求国际制裁日本，援助中国。我们相信中国一定能胜利。"

7月3日上午，学联代表参观了抗大，与抗大师生进行了座谈。罗瑞卿副校长介绍了抗大挖窑洞等情况。学联代表们越听越觉得神奇，最后他们若有所悟地说："抗大不仅是今天中国一切学校的榜样，而且也是全世界学校教学的良好参考材料！"

座谈会结束，校领导欣然陪同他们去参观抗大宿舍。首先参观了抗大二大队的学生宿舍。代表们看到，一条长炕上，七八条被子叠得整整齐齐。柯乐满赞叹道："这里整齐得像兵营，清洁得像医院！"雅德仔细地端详着墙上挂的学生自制的筷子、牙刷筒说，回去可以仿制。雷克难翻阅着桌子上的书籍，一本本询问书名，傅路德则不停地拍照片。在女生宿舍，几个女同学正在自修，墙边有个木制的枪架，一排枪插在上面。雅德从中抽出一支步枪，对着墙上画的日本军官瞄准，大家都鼓起掌来。在三大队，看到学员们挖的170多孔窑洞，雅德开玩笑说：应该请几个抗大学生

开展对外交流——抗大召开欢迎世界学联代表大会

第五部分　为了同一个目标　　　　143

毛泽东在凤凰山麓和世界学联代表的合影（1938年7月）

到美国去当挖窑洞教授！

随后学联代表又来到"救亡室"。这里除了抗大的各种消息报道、报表等，抗大学员还特地制作了一期欢迎世界学联代表的墙报。这让代表们喜出望外，团长柯乐满还掏出本子来做记录。

午餐的时候，柯乐满认真地提出，希望能成为抗大的一名名誉学生，能被授予名誉博士称号，最好是游击战术博士。而雅德女士则表示最好是名誉游击队员。在当晚的晚会上抗大同学会、"民先队"和"赞助母校劝募委员会"的代表分别献给代表团一面学生手工制作的旗帜，上面用中英两种文字写着"全世界青年联合起来，援助中国抗战""最后胜利是我们的"等标语。八路军总参谋长滕代远赠送给每位代表一份礼物：一枚红军建立十周年纪念章，一枚第十八集团军证章，还有平型关大捷中缴获的战利品和照片。他还授予四位代表"八路军名誉战士"称号。代表们激动地立刻把证章别上了衣襟。

几位学联代表手捧名誉博士证书，激动地说："我们永远不会忘记这个历史性的纪念日！"接着，抗大给代表们发军服、军帽、领章、毕业证章等，以及抗大的11种教材。三大队七队女生还赠送雅德一双用布条织成的草鞋。雅德认真地说："以后不能叫女士、先生了，要叫同学啦！"雷克难则表示，要以抗大名誉博士

延伸小百科

雅德晚年重访中国并捐赠当年纪念品

1987年，莫莉·雅德女士重访中国，把她珍藏的世界学联代表团1938年访华的全部资料，连同发表有关消息的许多美国报纸，装了满满的两箱带来，捐赠给中国。有他们当时自己拍的两盘小电影，数百张照片，有毛主席和代表团正式谈话的记录全文，延安各界欢迎他们的几个大横幅，边区妇女绣的锦旗，还有代表团递交给第二次世界青年和平大会的长篇访华报告的全文，雅德本人的一本访华日记，以及延安出版的《新中华报》、《解放》周刊和许许多多铅印的或油印的刊物、书籍、资料，包括延安的和各地的，极其珍贵。雅德赠送的全部资料和文物都已入藏中国革命博物馆。

的名义，遵守抗大的校规，努力工作。

7月4日，代表团即将离开延安，在延安军民为他们举行的欢送大会上，雷克难说："抗大赠与我们名誉博士学位，我们已经荣幸地成为了抗大的一员。所以，昨天我们说，我们昨天是世界学联派来的，今天则是中国派去的。……"全场响起热烈掌声。

代表们在返程中起草了一份访问中国的报告，递交给了第二次世界青年和平大会，用大量的事实和第一手资料，揭露了日本帝国主义在中国的暴行，赞扬了中国人民，特别是中国青年英勇抗击侵略的精神，号召全世界青年支援中国人民的抗战。报告还介绍了抗大的成功经验。这份报告提交大会后，被作为大会文件散发给各国代表团，产生了很大影响。大会闭幕后，柯乐满、雅德等还到各国去巡回演讲，宣传中国人民的抗日战争和抗大学生的精神风貌，请各国援助中国抗战。

友好的国际交流
美军观察组在延安

惊险一幕

1944年7月22日中午时分,一架美国飞机飞抵延安上空,机上有美军观察组成员共9人。延安机场没有任何导航设备,只有一个人挥着一面小旗指挥降落。飞机着陆滑翔时,飞机左轮陷进了一个旧坟坑猛然停下,螺旋桨刮到驾驶舱折断。正好打在驾驶座上,所幸驾驶员被惯性弹开了,躲过一劫。

1942年春,美国总统罗斯福派史迪威将军前往中国,担任盟军中国战区参谋长、中缅印战区司令官。史迪威对蒋介石的消极抗日、积极反共政策不满,多次提出去陕北和华北各省搜集情报和研究作战方案。蒋介石不同意。后在美国政府的干预下和国民党战场失利的情况下,蒋介石才勉强同意美国派遣观察团,但只能称美军观察组。

对于美军观察组来访、观察,中国共产党很欢迎。1944年6

1944年10月5日，在延安举行美国陆军中印缅战区统帅部对包瑞德的授勋仪式，毛泽东同朱德等出席。图为毛泽东、朱德和包瑞德一起步入会场。

月29日，中共六届七中全会主席团会议讨论这件事，决定向美军观察组表明欢迎态度。关于接待方针，以实事求是为原则，我们能办到的就说办到，办不到的就说办不到。使团由毛泽东、朱德、周恩来、彭德怀、林彪、叶剑英出面接待和会谈。

7月22日、8月7日美军观察组分两批抵达延安，前后共有30余人，其任务是收集华北日军和中共方面的情报，分析共产党对战争所能做出的贡献，提供援助共产党的有效办法和为海空军作战提供气象资料。

8月18日，中共中央发出《关于外交工作的指示》，指出："这次外国记者、美军人员来我边区及敌后根据地，便是对我新民主中国有初步认识后的实际接触的开始。因此，我们不应把他们的访问和观察当为普通行动，而应把这看作是我们在国际间统一战线的开展，是我们外交工作的开始。"8月15日，《解放日报》发表社论，毛泽东把原稿标题"欢迎美国观察组"改为"欢迎美军观察组的战友们"。社论对美军观察组来访表示欢迎，希望通过美军观察组的工作使美军统帅部对中国共产党始终坚持团结抗战、实行民主的政策有一个真正的了解，并做出正确的判断和选择。

美军观察组在延安期间，中共中央、边区政府和八路军、新四军的党政军负责人，详细介绍了中国共产党和抗日根据地的政治、经济、文化建设及敌后战场的作战情况。党中央和边区党政军负责人先后多次分别同他们谈话，向他们详细介绍了共产党对形势、任务及中美、国共关系的看法。特别是毛泽东与谢伟思进行了多次长谈。毛泽东谈话概括起来有三点：第一，中国共产党的目标是明确的、坚定的，不管外国人赞成与否，中共都将为实现自己的目标而奋斗。第二，中国共产党坚持团结，反对内战。要求成立联合政府，如果暂时不能，也愿意与国民党谈判。第三，中国共产党对美国的政策是寻求美国对中国民主事业的支持和抗日方面的合作。不论美国在战时采取什么样的行动，中共都将予以合作；战后仍需美国的友谊和支持，但中共是独立的政党，不受外国势力的支配。

毛泽东还曾跟观察组提出，美国是否有可能在延安建立一个领事馆？这是考虑到在抗日战争结束后，美军观察组会立即撤离，

后排：谢富治、彭真、飞行员（姓名不详）、雷米尼、斯特尔、钱皮恩、多姆克、飞行员（姓名不详）、高林
前排：林伯渠、谢觉哉、彭德怀、朱德、克劳姆莱、谢伟思、包瑞德、卡斯伯格、惠特塞、毛泽东

而那时正是国民党发动进攻和打内战的最危险时机。

美军观察组除了在延安调研，还到八路军驻地实地考察、交流经验，还先后派出两组人员到晋绥和晋察冀等根据地考察。组员卡斯伯格还曾带领先期到达延安的美国著名记者爱泼斯坦、福尔曼、武道等人去晋东北调查。另一组员亨利·惠特塞上尉在晋东南工作时牺牲，为了纪念他，朱德总司令把美军观察组在延安使用的餐厅命名为"惠特塞餐厅"。在观察期间，美军观察组看到，中国共产党领导人民抗战是切实而有效的，他们为之感动。观察组成员发表了很多讲话，写了不少调查报告，比较客观地反映了抗日民主根据地的政治、经济、军事等各方面的情况及我党的方针、政策。特别是谢伟思先后写的报告达70多份，这些报告使美国政府对中国共产党有了更具体的了解。

美军派驻延安观察组是第一个进入中共地区的美国官方代表团。美军观察组中虽然有的人对于解放区的社会性质持有不同看法，但一致承认中国共产党已得到所有民众的支持。

随着抗战形势的变化，史迪威被调走，新任美国大使赫尔利到任后，坚决支持蒋介石，美军观察组的地位被逐渐降低，人员逐渐调离。到1946年已经所剩无几，1947年3月11日上午，美军观察组最后几名成员离开延安，美军观察组彻底结束使命。

延伸小百科

美军观察组成员谢伟思

约翰·S.谢伟思（John S. Service, 1909—1999），美国外交官。出生于一个在中国成都传教的美国传教士家庭，并在中国长大。1933年毕业于美国加利福尼亚大学，同年返华，在美国驻昆明、上海等地领事馆任职。1941年起历任驻华大使馆三等和二等秘书、中缅印战区美军司令部政治顾问等职。他多次向美国政府提出派遣美军观察组，撰写报告建议加强与中共接触。1944年7月参加美军观察组前往延安，回美国后受排挤，甚至被捕受审，后被宣告无罪。但后来美国政府一直怀疑其忠诚度。1971年他重访中国，受到中美两国政府的高度重视。周恩来总理亲切会见谢伟思夫妇，美国国务卿基辛格在谢伟思访华前后两次单独约见他，了解他对中美关系发展的看法以及访华的感受，为中美关系打破坚冰发挥了作用。

附录

延安革命旧址简介

中共中央在延安时，留下了大量革命旧址，现存445处，由分布在凤凰山麓、杨家岭、枣园、王家坪、南泥湾、清凉山、桥儿沟等地的多个旧址群、旧址及纪念地组成。其中，中共中央所在地凤凰山麓和杨家岭、中共中央书记处旧址枣园、中央军委和八路军总部旧址王家坪、延安大生产运动旧址南泥湾等，被列为全国重点文物保护单位，是全国爱国主义、革命传统、延安精神三大教育基地。

延安最著名的景观是宝塔山及其宝塔，它位于延安市区中心，宝塔山海拔1135.5米，为周围群山之冠。延安宝塔高44米，塔基周长36.8米，为八角九级楼阁式砖塔。宝塔山是革命圣地延安的标志和象征，也是全国重点文物保护单位。

中共中央1937年1月进驻延安时，机关所在地是凤凰山麓。1938年11月20日，日军飞机轰炸延安，凤凰山麓建筑被毁严重，中共中央随即移驻城北杨家岭。1943年10月至1947年3月中共中央书记处驻扎在城北8公里处的枣园。在这些旧址群中，至今完整保存着大量中央领导人、中央机关各部门的办公旧址。杨家岭旧址有召开中共七大的延安大礼堂和召开延安文艺座谈会的中共中央办公厅。

在与宝塔山隔河相望的清凉山上,有着当年中宣部旗下众多新闻出版机构的旧址,包括新华社、新华印刷厂、解放日报社、边区群众报社等。

延安城内还有延安抗大旧址,延安文协、文抗,中央党校、马列学院、西北财经办、联防司令部以及美军观察组旧址等。

延安南川花石砭半山腰有中共中央西北局旧址,这是党中央在西北地区的代表机构;延安城西北方向的王家坪,是1937年1月至1947年3月中共中央军委和八路军总部的所在地。

延安南关南洼村有陕甘宁边区政府旧址,是陕甘宁边区政府1937年9月至1949年6月的办公驻地。

延安城东北5公里处,是桥儿沟旧址。这里有原西班牙传教士所建天主教堂,是中国共产党六届六中全会扩大会议会址和鲁迅艺术文学院旧址。

延安城东南45公里处有著名的南泥湾旧址群,当年八路军一二〇师三五九旅和众多机关、团体等在此屯垦。

延安是一座印满了红色印记的历史名城,也是一座布满了革命旧址的博物馆城。

后记

汇集在这本书里的 27 个小故事，通过对一些具体事件、具体人物和机构的讲述，力求对延安时期中共中央、陕甘宁边区政府、文艺活动、宣传活动、经济活动（大生产）和对外交流活动，有一个比较简明、生动的描述。每篇配上几幅图片，辅助说明问题。

革命圣地延安的红色故事，是丰富多彩的。用这样一本小册子，更是不可能说尽，只能是挂一漏万。所以，读者读完可能会感到不满足、不过瘾。但我必须说明：我们不是在这里试图把延安的红色故事尽量多地讲给大家听，打个比方，我们不打算做一席应有尽有的盛宴，让大家一顿吃个饱，而是想为读者炒几碟美味小菜，通过一些最典型、传播最广泛、脍炙人口的故事，让大家对延安有个初步的印象和最基本的了解。至于要想更加细致地了解延安，那当然还有很多关于延安的长篇巨著可以读。但那需要更加深厚的学力和更加充裕的时间。其实，我们也希望，这本书只是作为一个引子，如果读者读后有兴趣进一步了解延安，就达到了写这本书的目的。那时候读者可以找更多关于延安的书来读，或到延安走一走，看看革命旧址，了解更多革命时期发生在延安的生动的红色故事，相信会更有获益。

由于篇幅和作者水平所限，这本书还有很多不足之处，尤其是语言不够生动丰富，或许讲述并不能引人入胜，但有一点是可以肯定的，就是故事的真实性，这本书里的史实是真实的，不是虚构的。还望读者谅解、了解和批评指正。

编者

2024 年 1 月 21 日